I0052212

DES

DONATIONS ENTRE ÉPOUX

EN DROIT ROMAIN

ET DE LA

DONATION DE BIENS A VENIR

FAITE PAR DES TIERS A DE FUTURS ÉPOUX

EN DROIT FRANÇAIS

~~~

THÈSE

PRÉSENTÉE A LA FACULTÉ DE DROIT DE POITIERS

POUR OBTENIR LE GRADE DE DOCTEUR

et

SOUTENUE LE VENDREDI 29 JANVIER, A 2 HEURES 1/2 DU SOIR

DANS LA SALLE DES ACTES PUBLICS DE LA FACULTÉ

par

Louis-Charles Blondet

AVOCAT A POITIERS.

~~~

POITIERS

IMPRIMERIE DE A. DUPRÉ

RUE DE LA MAIRIE, 10.

1864.

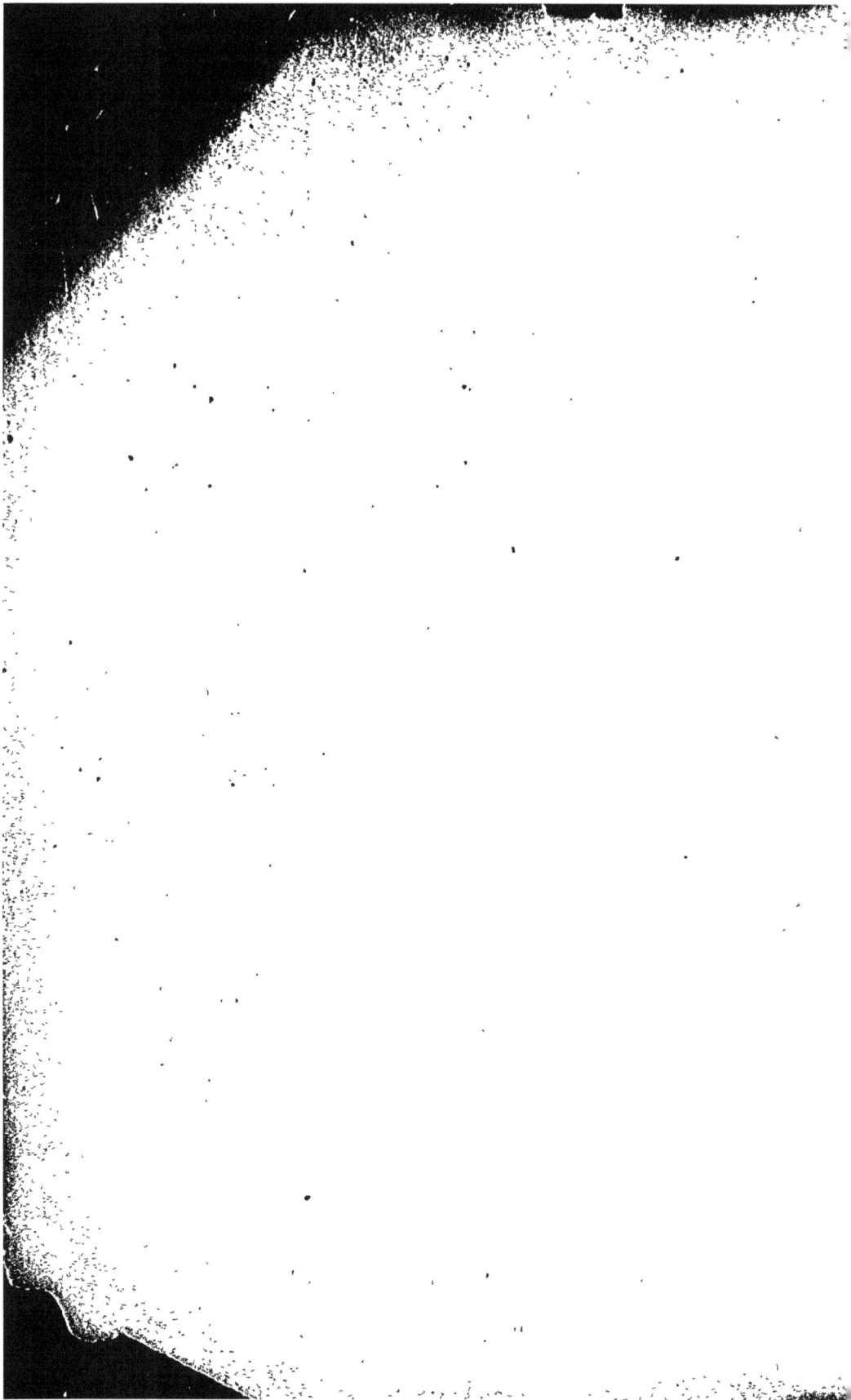

DES
DONATIONS ENTRE ÉPOUX

EN DROIT ROMAIN

ET DE LA

DONATION DE BIENS A VENIR

FAITE PAR DES TIERS A DE FUTURS ÉPOUX

EN DROIT FRANÇAIS

~~~

THÈSE

PRÉSENTÉE A LA FACULTÉ DE DROIT DE POITIERS

POUR OBTENIR LE GRADE DE DOCTEUR

et

SOUTENUE LE VENDREDI 29 JANVIER, A 2 HEURES 1/2 DU SOIR

DANS LA SALLE DES ACTES PUBLICS DE LA FACULTÉ

par

Louis-Charles Blondet

AVOCAT A POITIERS.

~~~

POITIERS

IMPRIMERIE DE A. DUPRÉ

RUE DE LA MAIRIE, 10.

1864.

COMMISSION :

PRÉSIDENT,   M. FEY ✤.

SUFFRAGANTS, { M. ABEL PERVINQUIÈRE ✤,
 M. RAGON ,
 M. LEPETIT ,
 M. DUCROCQ , }   Professeurs.

Vu par le président de l'acte,

FEY ✤

Vu par le doyen ,

H. GRELLAUD ✤.

Vu par le recteur :

DESROZIERS ✤.

« Les *visas* exigés par les règlements sont une garantie des principes
» et des opinions relatives à la religion, à l'ordre public et aux bonnes
» mœurs (*Statut du 9 avril 1825, art. 11*), mais non des opinions
» purement juridiques, dont la responsabilité est laissée aux candidats.

» Le candidat répondra en outre aux questions qui lui seront faites
» sur les autres matières de l'enseignement. »

C.

À MES PARENTS.

A MES AMIS,

DROIT ROMAIN.

DES DONATIONS ENTRE ÉPOUX.

INTRODUCTION.

Dans les premiers siècles de Rome, la femme était *in manu mariti*, sa personnalité s'absorbait dans celle du chef de famille, et ses biens cessaient, lors du mariage, d'être sa propriété. Cette constitution juridique de la famille rendait toute donation impossible entre les époux ; car la femme, ne possédant aucuns biens, ne pouvait rien donner, et le mari qui aurait gratifié sa femme se fût adressé sa propre libéralité ; aussi, à cette époque, la prohibition des donations entre époux ne devait pas exister. C'est pousser trop loin l'amour des origines reculées que de la faire remonter, comme Cujas, aux lois de Solon et des XII Tables (1). La loi Cincia, de l'année 550 de Rome, excepte les époux des restrictions qu'elle édictait en matière de donations; la prohibition n'existait donc pas à cette époque (2). Elle eut une origine plus

(1) T. 1, p. 681.
(2) Frag. vat., § 302.

1

modeste : elle prit sa source dans le *jus non scriptum*, expression des mœurs nationales. C'est ce qui résulte de ces
termes d'Ulpien : *Moribus apud nos receptum est ne inter
virum et uxorem donationes valerent* (1).

Lorsqu'à la fin de la république, le lien conjugal se fut
relâché, et que le divorce fut entré dans les mœurs, la sta-
bilité des mariages commença à s'acheter à prix d'argent ;
alors il devint utile, pour empêcher cette vénalité, d'apporter
un frein aux prodigalités de l'un des époux vis-à-vis de son
conjoint. De cette nécessité naquit la prohibition des donations entre mari et femme (2). A ce motif historique s'en
ajoutaient bien d'autres. Pendant le cours d'un mariage, des
passions d'un ordre différent peuvent naître dans l'âme
des époux : chez les uns domine un amour aveugle ; chez
les autres, l'avidité fait taire tout sentiment. Il y avait là
un double danger à prévenir : il fallait, d'une part, empêcher les conjoints de se dépouiller réciproquement par des
donations qu'une affection sans bornes les aurait portés à se
faire avec profusion, et protéger, d'autre part, un époux
faible contre les obsessions d'un conjoint intéressé, afin que
le plus libéral ne se réduisît pas à la misère pour enrichir le
plus avide (3). L'affection désintéressée, telle était la base sur
laquelle l'union conjugale devait être replacée. La loi devait
prévoir les regrets tardifs et épurer les sentiments. Tout en
protégeant les père et mère, la législation étendait ainsi sa
prévoyance sur les enfants. L'éducation a été, chez tous les
peuples, l'objet de la méditation des philosophes et de la sol-
licitude des législateurs ; la loi romaine en fit une des prin-
cipales obligations des époux, et elle ne voulut pas qu'ils
fussent distraits de ce pieux devoir par des discussions d'in-

(1) L. 1, D. *de don. int. vir. et ux.*
(2) L. 2, D. *de don. int. vir. et ux.*
(3) L. 3 p., D. *de don. int. vir. et ux.*

térêt, ni qu'ils léguassent à leurs descendants un triste exemple de leur cupidité (1).

CHAPITRE PREMIER.

A QUELLES PERSONNES S'APPLIQUE LA PROHIBITION.

L'existence d'un mariage est la condition essentielle re-
quise pour l'application de la prohibition. Il faut que l'homme
ait le titre de *vir* et la femme celui d'*uxor*, pour que la loi
étende sur l'un et l'autre sa protection. La défense de la loi
comprend donc tous les époux légitimes, sauf l'Empereur et
l'Impératrice. Il résulte de ce principe qu'aucun obstacle
ne s'oppose à la validité des donations intervenues entre
fiancés (2). Pourquoi en aurait-il été autrement! Avant le
mariage chacun conserve sa liberté d'action, aucune influence
n'est à craindre. Spontanées comme l'affection des futurs
époux, ces donations tirent leur force de la pureté des sentiments qui leur ont donné naissance. Si donc, antérieurement au mariage, une femme reçoit une donation de son
futur époux et en fait une à celui-ci après leur union, de ces
deux libéralités, la première sera valable et la seconde
inutile.

Il ne suffit même pas, pour la validité d'une donation,
qu'elle soit projetée avant le mariage, il faut de plus qu'elle
ait reçu sa perfection avant la célébration nuptiale. La donation entre fiancés faite par interposition de personnes nous
fournit un exemple remarquable de l'application de ce principe. L'interposition émane-t-elle du fiancé donataire, la restitution est possible de la part du tiers interposé, même après

(1) L. 2, D. *de don. int. vir. et ux.*
(2) L. 5, p. D. *de don. int. vir. et ux.*

la célébration nuptiale, parce que le concours des volontés, à fin de donation, a existé avant le mariage. Au contraire, est-elle faite par le fiancé donateur, le tiers ne peut transmettre valablement ce qu'il a reçu après le mariage. Dans le premier cas, en effet, la donation est consommée avant l'union conjugale, tandis qu'elle ne le serait qu'après dans le second, ce que la loi ne permet pas (1).

La donation serait également nulle, si sa réalisation était subordonnée à la célébration des *nuptiæ*. C'est ce qui a lieu dans le cas d'estimation inexacte donnée sciemment aux objets dotaux. Ce genre de libéralité se produisait de deux manières : par une estimation inférieure à la valeur réelle des objets apportés en dot, lorsque la femme voulait donner à son mari, ou par une exagération de leur valeur, lorsque le mari était donateur ; or, dans l'un et l'autre cas, la nullité atteignait non-seulement l'estimation qui suivait le mariage, mais encore celle qui le précédait. C'était, en effet, de sa conclusion que la donation recevait sa perfection (2). La condition tacite à laquelle était subordonnée la donation en suspendait l'efficacité. Au contraire, la donation faite le jour même du mariage, mais avant sa célébration, produisait ses effets (3). Ces exemples montrent l'intérêt qui s'attache à la question de savoir à quel moment précis le mariage était contracté. Comme, chez les Romains, aucune forme sacramentelle n'était nécessaire à sa perfection (4), le sort de la donation variait suivant qu'elle avait précédé ou suivi le consentement des conjoints : valable dans le premier cas, elle était nulle dans le second. Peu importait qu'il y ait eu ou non *deductio mulieris in domum mariti*, que les parties aient

(1) L. 5 p., D. *de don. int. vir. et ux.*
(2) L. 10, § 4, D. *de jure dot.*
(3) L. 27, D. *de don. int vir. et ux.*
(4) L. 11, D. *de spons.*

ou non dressé un *instrumentum dotale*. Ces formalités étaient indifférentes, car elles ne se remplissaient souvent qu'après le mariage (1).

Une des considérations qui servaient de base à la prohibition était le désir de maintenir la pureté du lien conjugal en le rendant désintéressé; or ce motif ne pouvait pas s'appliquer aux personnes vivant en concubinat; aussi pouvaient-elles se faire des libéralités (2). Toutefois Antonin le Pieux ne voulut pas que les militaires pussent donner à leurs *focariæ* (3). Sauf cette exception, les donations valables entre concubins n'étaient pas susceptibles de révocation même par un mariage subséquent (4); car il arrive souvent qu'un événement de nature à empêcher un acte juridique de se produire, s'il avait existé, n'a pas la force de l'annuler, lorsqu'il a été valable à l'origine : *Non est novum, ut, quæ semel utiliter constituta sunt, durent, licet ille casus exstiterit, a quo initium capere non potuerunt.*

La validité de la donation dépendait donc du point de savoir si la femme avait été l'épouse ou la concubine du donateur. Les Romains n'avaient point de *criterium* précis pour distinguer ces deux états l'un de l'autre. *Concubinam ex sola animi destinatione æstimari oportet* (5). Comment donc savoir s'il y avait ou non *maritalis affectio?* Toutes les fois qu'il y avait union entre des personnes de condition égale, on supposait l'existence de justes noces (6). Si elles étaient, au contraire, *impares honestate*, on présumait qu'elles vivaient en concubinat.

La prohibition ne s'appliquait pas non plus à ceux dont le mariage n'avait pu se former à raison de quelque empêche-

(1) L. 66, *D. de don. int. vir. et ux.*
(2) L. 31, D. *de don.*
(3) L. 2, Cod. *de don. int. vir. et ux.*
(4) L. 31, D. *de don.*
(5) L. 4, D. *de concub.*
(6) L. 3, D. *de concub.*

ment légal. Si donc la fille d'un sénateur a épousé un affranchi, en contravention du sénatus-consulte de Marc-Aurèle, ou une femme de province, un fonctionnaire qui y exerçait une autorité publique, au mépris des défenses écrites dans les constitutions, ces mariages étant nuls, les donations intervenues entre toutes ces personnes étaient valables. Mais comme celui qui pèche ne doit pas tirer de sa faute un avantage quelconque, *ne melior sit conditio eorum qui deliquerunt*, les libéralités que s'étaient faites les personnes unies nonobstant un empêchement légal, n'étaient pas susceptibles de confirmation (1). Elles étaient réputées avoir eu lieu entre personnes indignes, et les biens qu'elles avaient pour objet, perdus pour le donateur et pour le danataire, étaient dévolus au fisc (2). Cette peine portée contre ceux qui étaient coupables d'infraction à la loi ne devait pas frapper l'inexpérience : si donc le donateur était excusable à raison de son âge, les droits du fisc étaient écartés, et une revendication utile lui était accordée (3).

En dehors de ces cas exceptionnels, le droit commun reprenait son empire, et les donations que se faisaient les concubins produisaient leurs effets. Cependant les empereurs limitèrent l'étendue de ces libéralités par la fixation de la quotité disponible entre concubins. D'après une constitution d'Arcadius et d'Honorius, celui qui a des enfants légitimes ne peut donner à sa concubine et à ses enfants naturels ensemble que la douzième partie de ses biens, et il ne lui est permis d'en donner que la vingt-quatrième à la concubine seule (4). Il en est de même de l'homme sans enfants, mais dont les père et mère existent encore (5). Aux termes

(1) L. 3, § 1, D. *de don. int. vir. et ux.*
(2) L. 32, § 28, D. *de don. int. vir. et ux.*
(3) L. 7, C. *de don. int. vir. et ux.*
(4) L. 2, C. *de nat. lib.*
(5) L. 1, C. Théod. *de nat. lib.*

de la constitution de Valentinien et de Gratien, celui qui n'a ni enfants légitimes, ni père, ni mère, ne peut disposer, en faveur de sa concubine, que du quart de ses biens (1). Mais, d'après la novelle 89, ch. 12, § 3, celui qui n'a pas d'enfants légitimes est libre de donner indéfiniment à sa concubine et à ses enfants naturels, sauf la légitime des ascendants.

Pour qu'on ne pût éluder la prohibition, la loi annulait non-seulement les donations adressées directement par un époux à son conjoint, mais encore celles intervenues entre les personnes se trouvant en communauté de patrimoine avec eux. Si l'on considère les familles des conjoints comme deux unités juridiques dans lesquelles s'absorbent, sous la puissance d'un chef, la personnalité des membres qui les composent, on peut dire avec vérité que la prohibition s'étendait des époux aux chefs et aux membres des deux familles. En conséquence, les donations étaient défendues entre un époux et les personnes qui dépendaient de l'autre, ou auxquelles il était soumis ; entre les deux chefs de famille ; entre les enfants des deux familles ; enfin entre les enfants de l'une et les chefs de l'autre (2).

Cette défense cessait avec sa cause. Si le lien de puissance unissant le donataire à l'époux que l'on supposait gratifié par son entremise était brisé, la donation redevenait licite entre ces personnes ; à plus forte raison devait-il en être ainsi lorsque ce lien de puissance n'avait jamais existé entre le conjoint présumé donataire et la personne qui recevait la donation. Ainsi le mari pouvait donner aux enfants communs, ou à ceux que sa femme avait eus d'un premier lit, et recevoir d'eux au même titre (3). Contrairement à la règle générale qui défend à la mère de donner aux enfants communs, parce qu'ils

(1) L. 1, C. Théod. *de nat. lib.*
(2) L. 3, § 9, 2, 3, 5, 6, et 32, § 16, D. *de don. int. vir. et ux.*
(3) L. 60, D. *de don. int. vir. et ux.*

acquièrent à leur père, la femme était libre de faire, à titre de dot, une libéralité à sa fille. La donation ne profitant pas, dans ce cas, à son père, mais à son mari, la prohibition n'aurait pas eu d'objet. Sans doute le père avait, à la dissolution du mariage, l'action en reprise des choses données; mais on ne s'arrêtait pas à cette considération (1).

Cette extension de la prohibition avait été rendue nécessaire par l'ancienne organisation de la famille; mais plus tard, lorsque les empereurs eurent créé les pécules *castrense* et *quasi-castrense*, le fils de famille eut un patrimoine distinct et séparé; il fut, relativement à son pécule, *pater-familias*, il put acquérir pour lui-même; dès lors sa mère fut libre de lui faire des donations et d'en recevoir de lui (2). Sous Justinien, la donation faite par la mère à son fils se transformait en pécule adventice, et la nullité d'une telle libéralité ne portait que sur l'usufruit auquel le père avait droit.

CHAPITRE II.

DES DONATIONS PROHIBÉES.

Prise dans une acception large, on peut dire avec Papinien que la donation est une libéralité faite volontairement à une personne qui l'accepte : « *Donari videtur, quod nullo jure cogente conceditur* (3). » Mais cette définition est trop générale pour notre sujet; celle de M. de Savigny, beaucoup plus précise, comprend les caractères des donations prohibées entre époux : « La donation, dit-il, est un acte entre-vifs par lequel une personne s'appauvrit volontairement en enrichissant

(1) L. 34, D. *de don. int. vir. et ux.*
(2) L. 3, § 4, D. *de don. int. vir. et ux.*
(3) L. 29, D. *de don.*

une autre personne qui le sait ou qui l'ignore. » Il faut un
acte entre-vifs, par là se trouve exclue toute succession à
cause de mort ; qu'il y ait appauvrissement du donateur, c'est-
à-dire qu'une portion de ses biens passe de son patrimoine
dans celui du donataire ; qu'il y ait enrichissement de la personne gratifiée, c'est-à-dire que la valeur totale de ses biens
se trouve augmentée. Il est en outre nécessaire que le donateur
ait l'*animus donandi*; mais il importe peu que le donataire
connaisse ou non son enrichissement, car il peut être gratifié
par une libération qu'on lui procure à son insu.

Toutes les donations qui renfermaient ces caractères étaient
prohibées entre conjoints ; on ne distinguait même pas si
elles avaient pour objet la propriété ou la possession. Sans
doute la simple possession, étant chose plutôt de fait que de
droit, ne constituait pas par sa nature une donation prohibée,
car, dans le langage du droit, le propriétaire n'est ni plus
riche parce qu'il possède, ni plus pauvre parce qu'il ne possède pas ; mais la possession civile, dont l'utilité est de con-
duire à l'usucapion, ne pouvait pas être transmise par un
époux à l'autre (1). Il importait peu que la donation émanée
du mari comprît ses biens propres ou ceux que sa femme
s'était constitués en dot, car si on n'avait pas appliqué la prohibition à ce dernier cas, la dot aurait été, contre la volonté
formelle de la loi, détournée de sa destination. Aussi toute
restitution dotale pendant le mariage était défendue (2).

Les donations mutuelles et réciproques n'étaient pas plus
privilégiées que les autres ; on leur appliquait la règle générale
de la prohibition (3).

Le mariage ne doit être qu'un échange continuel de bons
offices ; il exige un dévoûment sans bornes et de tous les in-

(1) L. 46, D. *de don. int. vir. et ux.*
(2) L. un., *si dos. const. mat.*
(3) L. 32, § 14, *de don. int. vir. et ux.*

stants ; dès lors il serait contraire à son essence de rétribuer en argent ou autrement des services qui ne sont que l'accomplissement d'un devoir. Pour ce motif, on avait frappé de proscription les donations rémunératoires (1). On admettait cependant une exception à cette règle pour les cas où elles étaient la juste récompense d'un époux qui avait sauvé la vie à son conjoint. Paul, en parlant d'un étranger, dit, par allusion à la loi Cincia, que cette donation était permise *in infinitum* (2). Tribonien, en rapportant cette décision au Digeste, a remplacé l'expression de Paul par celle-ci : *Donatio irrevocabilis est* (3). Comme la loi Cincia n'existait plus à cette époque, ces mots prouvent qu'il a voulu soustraire cette libéralité à la prohibition.

On avait défendu non-seulement les donations faites *recta via*, mais encore les libéralités indirectes déguisées sous l'apparence d'un contrat à titre onéreux, ou au moyen d'une interposition de personne (4).

En règle générale, tous les contrats à titre onéreux passés de bonne foi étaient valables entre époux ; mais ils étaient compris dans la prohibition lorsqu'en réalité ils renfermaient une donation.

Le plus souvent, la libéralité résultait d'un acte de vente, car c'est le contrat qui se prête le mieux à ce genre de fraude. La loi pouvait être éludée de diverses manières : d'abord, le prix pouvait être simulé et n'exister que de nom ; dans ce cas, il n'y avait pas de vente, même entre étrangers, à défaut d'un des éléments essentiels à ce contrat, le prix (5). Un époux, sans vouloir se défaire de sa chose, recevait-il un prétendu prix de vente ? il y avait évidemment donation pro-

(1) Savigny, t. iv, § cliii.
(2) Paul, liv. v, tit. ii, § 6.
(3) 34, § 1ᵉʳ, D. *de don.*
(4) L. 49, D. *de don. int. vir. et ux.*
(5) L. 38, D. *de cont. empt.*

hibée. Enfin, un conjoint pouvait vendre à un prix inférieur au prix réel, dans l'intention d'aliéner. Dans cette dernière hypothèse, fallait-il annuler la vente pour le tout ? C'était bien l'avis de Julien; mais, d'après Nératius, la vente intervenue pour réaliser une donation était *nullius momenti* ; elle devait, au contraire, être maintenue lorsqu'elle ne contenait qu'une remise (1). La propriété de la chose vendue n'était alors transférée à l'acheteur que jusqu'à concurrence de l'argent par lui déboursé, et les époux demeuraient copropriétaires (2). Si les parties avaient voulu faire un acte sérieux à l'origine, bien que, plus tard, l'époux vendeur ait consenti à l'époux acheteur une remise de prix, la vente devait subsister, et la nullité ne tomber que sur le pacte *de non petendo* (3). De même, comme un motif libéral explique seul la remise faite par un époux à l'autre de la garantie de la chose vendue, le conjoint conservait, nonobstant une pareille clause, les actions qui compètent à tout acheteur. Le pacte de non-garantie était seul frappé de nullité (4).

Le contrat de société ne se prête pas moins que la vente au déguisement d'une libéralité; aussi était-il nul lorsqu'il intervenait entre époux *donationis causâ* (5). Cette nullité ne résultait pas de la prohibition générale des donations entre mari et femme, mais des principes généraux du droit s'opposant à la validité des sociétés contractées pour se faire des libéralités, même entre les étrangers (6). La solution devrait cependant être différente, si le contrat avait été exécuté. Lorsque les choses avaient été possédées en commun et partagées entre les époux associés, la donation était valable *fine præstituto*, c'est-à-dire, d'après l'ancien droit, dans les

(1) L. 5, § 5, D. *de don. int. vir. et ux.*
(2) L. 31, § 3, D. *de don. int. vir. et ux.*
(3) L. 31, § 4, D. *de don. int. vir. et ux.*
(4) L. 31, § 5, D. *de don. int. vir. et ux.*
(5) L. 32, § 24, h. t.
(6) L. 5, § 2, D. *pro socio.*

limites de la quotité disponible fixée par la loi Julia, et, suivant le droit nouveau, dans la mesure déterminée par les
parties.

En pareille matière, l'interposition de personne est également un moyen facile d'éluder la loi ; c'est pourquoi notre
législation a admis des présomptions légales d'interposition
relativement à certaines personnes. Le droit romain, sans
entourer ses règles prohibitives d'une aussi grande garantie,
avait pris soin de défendre les donations que les époux auraient été tentés de se faire par cette voie. En conséquence, il y avait donation prohibée lorsqu'un mari ordon-
nait à son débiteur de payer entre les mains de sa femme (1),
ou lorsqu'il priait une personne d'adresser à son épouse la
donation soit entre-vifs, soit à cause de mort, qu'elle voulait
lui faire (2).

Les donations par omission avaient la plus grande affinité
avec les donations indirectes. Aussi n'échappaient-elles pas
plus que ces dernières à l'application de la règle générale.
Les textes citent comme exemples de semblables donations
le cas où un époux laisserait s'éteindre par non-usage une
servitude de passage grevant le fonds de son conjoint (3),
celui où, titulaire d'un droit, il laisserait repousser son action
par une exception non fondée en droit (4), et celui où, défendeur, il négligerait d'opposer à la prétention de son adver-
saire une exception légitime (5).

Mais le cas le plus célèbre de donation par omission est
celui où le mari laisse usucaper par sa femme un bien qui lui
appartient, et qui a été livré à celle-ci par un tiers (6). Dans
cette situation, la femme prescrira-t-elle ? Pour comprendre

(1) L. 3, § 12, D. de don. int. vir. et ux.
(2) L. 3, § 13, D. et 56, D. de don. int. vir. et ux.
(3) L. 5, § 6, D. de don. int. vir. et ux.
(4) L. 5, § 7, D. de don. int. vir. et ux.
(5) L. 12, D., de nov.
(6) L. 41, D. de don. int. vir. et ux.

comment l'usucapion peut constituer une donation prohibée,
il faut examiner plusieurs hypothèses :

Si. les époux ignorent jusqu'au moment de l'usucapion la
propriété du mari, il n'y a évidemment pas de donation. La
femme qui aura reçu d'un tiers un fonds à son mari, l'usu-
capera.

Au contraire, le mari a su que son bien était possédé par
sa femme, et celle-ci en a également eu connaissance : si, au
lieu de revendiquer son fonds, il reste dans l'inaction, la
femme ne peut pas invoquer le bénéfice de l'usucapion ; elle
est censée avoir remis la chose qu'elle tient du tiers à son
mari ; celui-ci est réputé la lui avoir restituée. La femme ne
possède donc qu'en vertu d'une tradition de brève main ; or,
d'une part, la restitution qu'elle a faite à son mari a inter-
rompu l'usucapion, et, d'autre part, la remise émanée de
celui-ci ne saurait constituer pour elle un juste titre de possession. Il y a donc, dans ce cas, impossibilité pour la femme
d'usucaper.

Si la femme découvre seule la propriété du mari, elle con-
tinuera d'usucaper ; car il n'y a pas de donation sans intention
libérale de la part du donateur. Il suffit à la femme d'avoir
été de bonne foi au début.

Que décider enfin si le mari, découvrant seul sa propriété,
garde le silence pour procurer un avantage à sa femme? Ce
cas est le plus difficile. M. de Savigny (1) pense que le silence
et l'inaction du mari ne sauraient constituer une libéralité pour
la femme ; il repousse toute assimilation entre ce cas et celui
où un époux laisse s'éteindre par le non-usage la servitude
qu'il avait sur le fonds de son conjoint. Le motif de différence
serait que par le non-usage la servitude est immanquablement
éteinte, tandis que l'usucapion peut être arrêtée, malgré
l'inaction du propriétaire, par la dépossession de la femme
par un tiers.

(1) T. iv, app. ix.

« Les diligences du mari, ajoute-t-il, ne suffiraient pas toujours pour écarter la perte de la propriété ; ainsi, tout en revendiquant, il peut perdre son procès, soit par défaut de preuve, soit par erreur ou prévarication du juge. » Quelque grande que soit l'autorité qui s'attache aux décisions de ce savant jurisconsulte, nous ne saurions nous ranger à son opinion. Si on nie l'existence d'une libéralité parce qu'elle ne procure pas un bénéfice assuré au donataire, il faut valider toute espèce de donations ; car on n'est jamais certain que des événements postérieurs ne mettront pas à néant l'enrichissement que l'on a voulu procurer au donataire. Les choses étant de leur nature périssables, où puiserait-on la certitude d'augmenter infailliblement le patrimoine de la personne gratifiée ?

Une autre omission pouvant devenir un moyen de se faire des avantages entre époux consistait dans la prescription des actions. Il faut décider, par analogie avec l'usucapion, que ce fait constitue une donation indirecte. Le mari, en laissant s'accomplir la prescription de sa créance, se trouve désarmé ; la femme est tenue moins étroitement, ce qui est pour elle une sorte d'enrichissement procuré par son conjoint. L'inaction du mari ne devait produire aucun résultat ; les époux conservaient leurs qualités respectives de créancier et de débiteur ; l'un ne pouvait pas opposer la *temporalis præscriptio*, et l'autre n'avait pas besoin d'une *replicatio*.

D'après l'ancien droit, après deux années, les cautions étaient libérées de plein droit (1). De là naît la question de savoir s'il y aurait une donation par omission au cas où le mari ayant cautionné un tiers débiteur de sa femme, celle-ci laisserait passer deux années sans exercer de poursuite contre lui. Il faut résoudre cette question affirmativement. Cette inaction équivaut à une remise de la garantie ; or cette remise constitue, comme nous l'avons déjà dit, une donation indirecte,

(1) G. l. ɪɪɪ, § 121.

qui tombe sous l'application de la règle générale de la prohibition des donations.

CHAPITRE III.

DES DONATIONS PERMISES.

Le double caractère des donations prohibées est d'une
part l'appauvrissement du donateur, et d'autre part l'enrichissement du donataire. En l'absence de l'une de ces deux
conditions, le droit commun reprend son empire, et rien
ne fait obstacle à la validité de la donation. Il faut donc
ranger au nombre des libéralités permises toutes celles qui
ne diminuent pas le patrimoine du donateur ou qui n'aug-
mentent pas celui du donataire.

§ 1er.

Des donations qui n'appauvrissent pas le donateur.

Par une subtilité du droit romain, négliger de s'enrichir,
ce n'est pas diminuer son patrimoine. Celui-là seulement
s'appauvrit qui retranche quelque chose de ses biens. Si donc
un époux répudie une hérédité que son conjoint est appelé à
recueillir comme héritier *ab intestat* ou comme substitué, le
bénéfice qu'il lui confère ainsi indirectement est licite; il ne
s'est pas appauvri; il a seulement manqué d'acquérir : *nihil de
patrimonio suo deposuit* (1). Le même principe s'applique aux
legs (2). De même si, prié de rendre une hérédité à son con-

(1) L. 5, § 13, D. *de don. int. vir. et ux.*
(2) L. 5, § 14, D. *de don. int. vir. et ux.*

joint, après en avoir retenu une certaine part, l'époux fait la restitution sans opérer aucun prélèvement, il semble plutôt s'acquitter d'un devoir de conscience que faire une libéralité, restituer la chose d'autrui plutôt que la sienne, et n'obéir qu'à la volonté du défunt (1).

Il faut assimiler au cas de renonciation celui où un époux atteindrait indirectement le même but, en négligeant d'accomplir la condition à laquelle était subordonné son droit à l'hérédité.

La diversité des moyens ne doit être d'aucune considération, si l'on arrive à un but licite. Aussi, pour éviter de recourir à la formalité de la renonciation, un époux peut prier la personne qui a l'intention de lui laisser son hérédité ou un legs, d'adresser la libéralité à son conjoint (2). C'est là une différence remarquable entre les libéralités testamentaires et les donations entre-vifs ou à cause de mort : dans ces deux derniers cas, la prière faite par un mari d'adresser à sa femme une donation de ce genre équivalait à la remise d'une chose par lui acceptée et déjà entrée dans son patrimoine (3).

Nous assimilerons aux renonciations des legs et des hérédités la remise faite par une femme à son mari, ou un mari à sa femme, du gage que l'un d'eux aurait reçu de l'autre. Elle ne saurait constituer une donation ; car un époux créancier de son conjoint ne devient pas plus pauvre par une remise de gage, son débiteur continuant d'être obligé envers lui à l'acquittement de la même dette (4).

Il est peu probable que les Romains aient été dans l'habitude de laisser leurs capitaux improductifs : l'histoire nous les montre avares et usuriers. Ce fait historique nous condui-

---

(1) L. 5, § 15, D. *de don. int. vir. et ux.*
(2) L. 31, § 7, D. *de don. int. vir. et ux.*
(3) L. 4, D. *de don. int. vir. et ux.*
(4) L. 18, *Quæ in fraud.* cred.

rait à penser que les donations les plus minimes, même celles ne consistant qu'en intérêts, devaient être prohibées entre époux. Il en était cependant autrement. Toutes les donations représentant des intérêts que l'un des époux avait manqué de percevoir n'étaient pas comprises dans la prohibition. Ainsi il n'y avait pas de donation dans un prêt d'argent fait sans intérêts à l'origine par un époux à son conjoint (1). Si, lors du prêt, il avait stipulé des intérêts, la remise qu'il lui en faisait dans la suite était valable (2).

Il en était de même du payement anticipé d'une dette à terme (3). Quant à la transformation par contrat d'une obligation *in diem* en une *præsens obligatio*, elle n'était pas plus défendue que celle d'une créance productive d'intérêts en une autre improductive (4). Les motifs de la tolérance de la loi en cette matière sont faciles à saisir. Si on manque rarement de tirer profit d'un bien, soit en le donnant à ferme, soit en l'exploitant soi-même, souvent un capitaliste, faute de placement, ou par d'autres causes, ne retire rien de son argent. Les intérêts viennent irrégulièrement ; leur perception a quelque chose d'aléatoire. Enfin chacun consacre une partie de ses revenus à des achats d'objets de luxe ou d'ouvrages d'art improductifs. Le plaisir qu'ils procurent n'est même pas l'équivalent de la reconnaissance que l'on acquiert par une modeste libéralité.

Mais la solution devrait être différente si un époux abandonnait à son conjoint l'usage d'une somme déjà placée. Dans ce cas, en effet, il est facile de calculer à l'avance le bénéfice procuré ainsi au donataire. Même décision si un mari, après avoir stipulé une dot en argent, remet à sa femme les inté-

(1) L. 17, D. *de don. int. vir. et ux.*
(2) L. 23 p., *de don.*
(3) L. 31, § 6, D. *de don. int. vir. et ux.*
(4) L. 56, D. *de cond. ind.*

rêts qu'elle doit produire dans l'avenir, car il détourne ainsi la dot de sa destination (1).

Que faut-il décider si un époux donne à l'autre une somme d'argent, et si plus tard il révoque la donation ! Le donataire peut-il profiter des intérêts qu'elle a produits dans le temps intérimaire ! Ce bénéfice doit être assimilé à celui que procure un prêt fait sans intérêts, et n'obliger le donataire qu'à la restitution du capital (2). Cette solution serait vraie alors même qu'une moitié de la somme aurait péri, et que l'autre aurait doublé par l'accumulation des intérêts (3). Mais si la dot de la femme consiste en numéraire, et si plus tard le mari lui donne une somme d'argent, cette numération d'espèces n'est autre chose qu'une restitution totale ou partielle de la dot constituant une donation prohibée.

Si, par une subtilité du droit, il n'y a pas d'appauvrissement, et par suite aucune donation, lorsque le donateur manque d'acquérir, ni quand il néglige certains avantages aléatoires, ou de nature à ne pas augmenter sensiblement sa fortune ; à plus forte raison la loi romaine devait-elle proclamer la validité des donations ayant pour objet des biens qui n'étaient jamais entrés dans son patrimoine.

Telle était la donation de la chose d'autrui faite par un époux à son conjoint. Toutefois on distinguait le cas où le donateur possédait de bonne foi de celui où il possédait de mauvaise foi (4). Le possesseur de bonne foi est presque au lieu et place du propriétaire ; il a une revendication utile, l'action publicienne ; il peut grever le fonds qu'il possède de droits réels ; dès lors, s'il donne quelque chose qu'il usucape, il aliène l'espérance d'acquérir la propriété ; or, toute aliénation à titre gratuit étant défendue entre époux, la règle gé-

---

(1) L. 21, § 1, et L. 54, D. *de don. int. vir. et ux.*
(2) L. 15, § 1er, D. *de don. int. vir. et ux.*
(3) L. 16, D. *de don. int. vir. et ux.*
(4) L. 25, D. *de don. int. vir. et ux.,* et 3, D. *pro don.*

nérale reprend son empire. Le possesseur de mauvaise foi,
au contraire, n'ayant pas une possession utile et de nature à
lui procurer le bénéfice de l'usucapion, n'aliène rien en donnant ce qu'il détient; il ne peut pas perdre une chose sur
laquelle il n'a même pas eu une espérance de propriété. Aussi
la donation qu'il fera de la chose qu'il possède sera parfaite-
ment valable. Mais en quoi consistera donc l'utilité pour le
donataire d'une pareille libéralité? Comment pourra-t-il
usucaper? Sera-ce en vertu d'un juste titre? Mais une donation nulle ne saurait lui en servir. Pourra-t-il invoquer sa
bonne foi? Mais il sait nécessairement qu'il possède la chose
d'autrui. Pour résoudre cette difficulté, il faut supposer que
l'époux donataire ait cru son conjoint propriétaire de la chose
par lui donnée; alors il a un juste titre, parce que les conditions prohibitives de la donation ne se trouvent pas réunies.
Il croit la chose à son époux; or cette erreur de fait ne vicie
pas sa possession. Il faut faire l'application de cette règle :
*Plus est in re quam in æstimatione ; plus valet quod in véri-
tate est quam quod in opinione.* Le conjoint donataire usuca-
pera donc; mais quel sera le point de départ de cette prescription? Que les époux aient eu recours à une donation
entre-vifs ou pour cause de mort, dans les deux cas, elle
commencera immédiatement. Le doute s'élevant de ce qu'entre
époux la première libéralité est défendue, et de ce que la
seconde ne produit d'effets qu'à la mort du donateur, doit être
écarté; car, dans l'un et l'autre cas, le donateur ne s'appauvrit pas en disposant de la chose d'autrui.

§ II.

Des donations qui n'enrichissent pas le donataire.

Le plus souvent, une donation a pour effet d'enrichir le donataire; cependant une assez grand nombre de libéralités ne renfermant pas ce caractère étaient valables entre époux. Parcourons les principaux exemples fournis par les textes.

La prévoyance de l'homme s'étend au delà de sa vie. C'est quelquefois pour lui une consolation de marquer de son vivant le lieu où reposeront ses cendres. Si, guidé par une pieuse affection, un époux donne à son conjoint un lieu pour servir de sépulture, cette libéralité sera valable à la condition de l'inhumation du corps dans le lieu destiné à le recevoir (1); jusqu'à ce moment, le sol restera la propriété du donateur, libre de le revendiquer en cas de vente consentie par le donataire (2). Bien plus, s'il ne doit recevoir son caractère religieux que par l'inhumation du corps du donataire, la donation, contrairement aux règles ordinaires du droit, ne se réalisera qu'après le décès de celui-ci (3). Le maintien d'une telle libéralité s'explique par la faveur de l'intérêt religieux. Sans doute, si l'époux n'avait pas reçu le terrain à titre gratuit, il l'aurait acheté de ses deniers ; mais on ne s'arrêtait pas à cette considération ; on écartait la règle *locupletior factus est quatenus propriæ pecuniæ pepercit* (4). De même, si un mari a donné à sa femme un terrain soit pour accomplir un vœu fait à Dieu, soit pour faire bâtir un édifice public, soit pour y faire construire un temple, ce lieu deviendra sacré, et la donation, ne procurant aucun avantage appréciable au donataire, restera valable (5).

Si la loi s'inspirait quelquefois de sentiments pieux, le malheur avait aussi pour effet d'adoucir ses rigueurs. Ainsi, elle validait la donation faite plutôt en vue de réparer une perte éprouvée par un conjoint que pour lui procurer quel-

(1) L. 5, § 8, D. *de don. int. vir. et ux.*
(2) L. 5, § 9, D. *de don. int. vir. et ux.*
(3) L. 5, § 11, D. *de don. int. vir. et ux.*
(4) L. 5, § 8, D. *de don. int. vir. et ux.*
(5) L. 5, § 12, D. *de don. int. vir. et ux.*

que avantage, car elle n'enrichissait pas le donataire. Si, par exemple, un mari donnait à sa femme une somme d'argent pour faire rebâtir sa maison incendiée, cette libéralité était valable jusqu'à concurrence des frais de reconstruction (1).

Combien plus puissante que toutes ces considérations devait être aux yeux du législateur la faveur de la liberté! Encourager les affranchissements semble être un devoir de la loi ; aussi rien n'empêche un conjoint de donner à l'autre un esclave pour l'affranchir (2). On n'appréciera pas à prix d'argent le profit retiré par l'affranchissant soit du fait d'avoir un affranchi, soit des *operæ* qu'il lui a imposées, soit même des sommes que l'esclave a promises pour se racheter, pourvu qu'elles ne soient pas prises sur le pécule appartenant à son ancien maître (3). Cette donation faite *manumissionis causâ* était valable bien qu'elle ne dût pas procurer la liberté immédiatement. Un époux pouvait donner à l'autre un esclave pour l'affranchir à une époque déterminée ; l'acquisition du donataire était alors subordonnée à l'affranchissement au temps convenu (4). Pareille donation était toujours censée faite sous la condition que l'esclave serait affranchi avant la dissolution du mariage par mort ou par divorce (5).

Si on considère les donations précédentes comme ne procurant pas au donataire un avantage appréciable, à plus forte raison doit-on en dire autant de celles destinées à satisfaire l'ambition du mari ou le luxe de la femme ; aussi n'avait-on pas prohibé les donations faites par une femme à son mari, pour le mettre en état d'obtenir la pourpre sénatoriale, d'entrer dans l'ordre des chevaliers, de donner des jeux au peuple

---

(1) L. 14. D. *de don. int. vir. et ux.*
(2) L. 22, Cod. *de don. int. vir. et ux.*
(3) L. 9, § 1, D. *de don. int. vir. et ux.*
(4) L. 7, § 9, D. *de don. int. vir. et ux.*
(5) L. 8, D. *de don. int. vir. et ux.*

ou de parvenir aux grades militaires (1). La solution aurait été la même, s'il avait consommé l'argent donné pour servir aux frais qu'aurait entraînés la nomination de son cognat à quelque fonction, telle que celle de décurion (2). Le mari, de son côté, pouvait donner à sa femme pour acheter des objets de luxe et des parfums (3).

Comme celui qui sert d'intermédiaire pour faire parvenir à une tierce personne le montant d'une libéralité ne s'enrichit point, l'époux qui a recours à son conjoint pour faire arriver à un enfant commun une libéralité avec tous ses émoluments, fait un acte aussi valable que s'il avait usé du ministère d'un étranger (4). Il en serait de même si la condition de rendre était intervenue *ex post facto*, pourvu qu'elle fût exécutée (5).

Certes, le donataire s'enrichit lorsqu'il aliène la chose par lui reçue et qu'il emploie utilement l'argent provenant de la vente : par exemple, lorsqu'il achète un fonds de terre, ou qu'il paye ses propres dettes. Mais que décider, si la chose achetée périt? Il n'y a plus alors de répétition possible de la part du donateur (6). Il faut même aller jusqu'à dire que la perte, arrivée après une seconde substitution, dispenserait le donataire de toute restitution. C'était une faveur des donations entre époux (7). Toutefois, si la chose donnée était tellement indispensable au donataire, que celui-ci l'aurait certainement achetée de ses deniers si on ne la lui avait pas

----

(1) L. 40 et 41, D. *de don. int. vir. et ux.*

(2) L. 5, § 17, D. *de don. int. vir. et ux.*

(3) L. 7, § 1, D. *de don. int. vir. et ux.*

(4) L. 49, D. *de don. int. vir. et ux.*

(5) L. 34, D. *de don. int. vir. et ux.*

(6) L. 28, § 3, D. *de don. int. vir. et ux.*

(7) L. 29 p., D. *de don. int. vir. et ux.*

donnée, sa perte ne ferait pas disparaltre l'enrichissement qu'elle avait procuré (1).

§ III.

Des donations à cause de mort.

Le principe prohibitif des donations entre époux ne s'opposait pas à la validité de celle faite *mortis causa* (2). La donation à cause de mort ne présentait pas, en effet, les mêmes dangers que la donation entre-vifs : révocable à la volonté du donateur, on ne pouvait craindre qu'elle fût le résultat de la captation. La prohibition avait pour but de protéger les époux contre leur propre faiblesse, et non leurs héritiers ; dès lors pourquoi aurait-on défendu une disposition produisant ses effets à une époque où il n'y avait plus de mariage (3) ? pourquoi n'aurait-on pas permis à un époux d'assurer, après sa mort, une position convenable à son conjoint, lorsqu'il pouvait écarter ses héritiers en appelant des étrangers à sa succession ?

La prévision du décès était la cause de la disposition qui s'effectuait par les modes ordinaires de la transmission de propriété, c'est-à-dire, dans l'ancien droit, par la mancipation et la cession *in jure*, et par la tradition, dans le nouveau. Ce dernier mode de transmission dut être nécessaire jusqu'à l'époque où les donations à cause de mort furent assimilées aux legs par Justinien.

La donation à cause de mort produisit entre étrangers des effets différents, suivant la manière dont on avait envisagé

(1) L. 31, § 10, in fin., D. *de don. inf. vir. et ux.*
(2) L. 9, § 2, D. *de don. inf. vir. et ux.*
(3) L. 10, D. *de don. inf. vir. et ux.*

l'événement qui l'avait motivée. Le donateur pouvait transférer de suite la propriété de la chose donnée, en imposant
au donataire l'obligation de la lui retransférer, s'il échappait
au péril, ou bien subordonner à son décès la translation de
la propriété. Au premier cas, la mort confirmait un droit
préexistant, mais en suspens, puisqu'il était résoluble; au
second, elle attribuait au donataire la propriété. — Le premier de ces effets était impossible entre époux. La tradition
intervenue entre eux était nulle, et, au cas de prédécès du
donataire, l'époux donateur avait la revendication de ce
qu'il avait livré; tandis que, dans la même hypothèse, l'étranger ayant valablement transféré sa propriété, ne recouvrait
sa chose que par la *condictio causâ datâ, causâ non secutâ.*
— Quant au second effet, il était possible, parce qu'il se produisait à la dissolution du mariage. Mais, dans ce cas, naît la
question de savoir si la propriété est transmise du jour de la
donation, ou bien du jour du décès du donateur; si. en un
mot, il y a rétroactivité au jour du concours des volontés?
La question est controversée entre les auteurs; mais les textes
semblent décider que la donation à cause de mort avait un
effet rétroactif (1). Dans une question de cette nature, on
doit chercher surtout l'intention du donateur; or, sa volonté
de faire produire à sa libéralité des effets immédiats se révèle
d'une manière évidente par la tradition de la chose donnée.
Si elle est moins précise lorsqu'il n'a fait qu'une simple promesse, elle peut encore être présumée, s'il y a d'autres faits
qui permettent d'induire son intention. Cette opinion, suivie
par Papinien, semble être contredite par Ulpien. Suivant
lui, pendant le temps intermédiaire, la propriété de la chose
donnée restera au donateur. Mais on fausserait l'idée de ce
jurisconsulte en prêtant aux expressions employées par lui
un sens contraire à l'avis que nous avons adopté. Il a seule-

(1) L. 40, D. *de mortis causâ don.*

ment voulu dire que la transmission de la propriété était impossible. Pour interpréter sainement sa doctrine, il ne faut pas séparer le *principium* de la loi 11 D. de notre titre du § 1er du même texte, d'après lequel toute donation faite *mortis causâ* est valable, ni du § 9, où il enseigne que la tradition faite du vivant du disposant par l'époux donataire à un tiers étranger resterait en suspens. Une preuve de la rétroactivité de la donation *mortis causâ* résulte des anomalies signalées par Ulpien dans les cas spéciaux où la donation né rétroagissait pas. Toutes les fois qu'elle aurait pu nuire aux époux, la loi supposait qu'elle n'avait pas été dans leur intention. Si, par exemple, un conjoint donne à l'autre, encore fils de famille, mais devenu *sui juris* à l'époque de la mort du donateur, la règle de la rétroactivité était écartée, parce qu'elle aurait eu pour effet de faire bénéficier de la donation le chef de famille sous la puissance duquel se trouvait le donataire lors du contrat (1). De même un mari désire-t-il donner à sa femme? si celle-ci interpose, afin de recevoir pour elle, un fils de famille maître de lui-même à l'époque de la mort du donateur, comme la rétroactivité aurait pour effet d'annuler cette donation, on s'en tient au temps présent ; ce qui permet au fils de recevoir et de rendre valablement le montant de la libéralité (2).

Quelle que fût la faveur dont jouissait cette donation, cependant, à cause de l'analogie existant entre elle et les dispositions testamentaires, la restriction du *capere* édictée par la loi Papia Poppea fut étendue à ce genre de libéralité. Un époux ne dut recevoir de l'autre qu'un dixième en propriété et un tiers en usufruit. Cette restriction, tout en paraissant protéger les héritiers du donateur, avait pour but d'encourager la procréation des enfants ; ce qui le prouve, c'est l'élasticité de

(1) L. 11, § 4 et 5, D, *de don. int. vir. et ux.*
(2) L. 11, § 2, D. h. t.

celte loi, qui restreignait ou augmentait la capacité du conjoint
donataire, suivant le nombre de ses descendants (1).

§ IV.

Des donations *divortii causâ.*

Le plus souvent le divorce avait lieu par suite de cette més-
intelligence qu'engendre une incompatibilité d'humeur. Il
était cependant quelquefois le résultat d'un consentement
mutuel ; on divorçait ainsi à l'amiable pour entrer dans le
sacerdoce pour cause de stérilité de la femme, ou lorsque le
mari était obligé de partir pour les armées (2). Dans ces différentes hypothèses, un époux faisait souvent à l'autre une
donation en compensation du désagrément que lui causait sa
demande, Ces libéralités, comme celles faites *mortis causâ,*
ne produisaient leurs effets qu'après le mariage ; aussi la jurisprudence les avait-elle reconnues, en soumettant toutefois
leur validité à des conditions spéciales : elles devaient être
faites au moment même du divorce, et non en vue d'un divorce possible dans l'avenir (3). La séparation devait être non-
seulement projetée, mais encore réalisée dans les formes
légales (4). Si le divorce n'avait été que simulé, les donations
faites dans l'intervalle de sa durée demeuraient sans effet (5).
La sincérité du divorce, et par suite la validité de la donation,
se présumaient, lorsqu'une des parties avait contracté un
autre mariage, ou qu'il s'était écoulé un temps assez long
pour y suppléer (6).

(1) Ulp., tit, xv, *de reg.*
(2) L. 60, § 1, L. 61 et 62, D. *de don, int. vir. et ux,*
(3) L. 12, D. *de don. int. vir. et ux.*
(4) L. 35, D. *de don, int. vir. et ux.*
(5) L. 27, D. *de pact. dot.*
(6) L. 64, D. *de don. int. vir. et ux.*

Il nous reste à examiner si le divorce dissout la donation *mortis causâ*. En principe, cette question doit être résolue affirmativement. Dans le cas de divorce, la confirmation de la donation n'est pas en suspens jusqu'à la mort du donateur, car la nature de ces donations est d'être révoquées par le repentir du disposant; or, il est assez présumé par le divorce, auquel le plus souvent une offense a donné naissance. Mais si le disposant ratifiait expressément la donation en renouvelant sa volonté, sa libéralité était confirmée par sa mort (1).

§ V.

Des donations à cause d'exil.

Le condamné à la peine de l'exil perdait la cité romaine; comme il n'avait plus le *connubium*, son mariage était dissous; dès lors les conjoints perdaient réciproquement leur qualité de *vir* et d'*uxor*, et la règle prohibitive des donations cessait de leur être applicable. Deux hypothèses pouvaient se présenter: car la libéralité était faite par le conjoint innocent, ou par le condamné. La première n'offrait pas de difficultés; la donation étant alors adressée à un pérégrin, rien ne faisait obstacle à sa validité : c'était un moyen de subsistance ainsi assuré au malheureux exilé. Dans la seconde, la raison de douter de la validité de la donation se tirait de ce que le mari perdait la disponibilité de ses biens par la confiscation (2). Mais la raison décisive de l'exception était qu'il avait paru inhumain de frapper le conjoint innocent en prolongeant au delà du mariage son incapacité de recevoir. D'après Pothier (3), cette dérogation au droit commun était un prix donné à la

(1) L. 32, § 10, D. *de don. int. vir. et ux.*
(2) L. 1, *de bon. damnat.*
(3) Pothier, *ad h. tit.* n°ˢ 23 et 24.

chasteté de l'époux innocent, la récompense de sa fidélité.
Il est difficile de se ranger à cet avis. Comment, en effet,
pourrait-il être question de récompenser la fidélité conjugale,
lorsque, dans le système de cet auteur, la donation n'est valable qu'à la condition pour les époux de faire de cet exil une
cause de dissolution de mariage !

Le divorce infirmait les donations faites *mortis causâ ;*
l'exil produisait-il le même effet? A l'époque des jurisconsultes classiques, la déportation, comme les autres peines
capitales, dut avoir pour conséquence de révoquer ce genre
de libéralité (1); mais Constantin, innovant en cette matière,
décida qu'elle ne serait plus une cause de révocation, et que
la donation resterait en suspens jusqu'à sa confirmation par
la mort du donateur, comme si la déportation n'avait pas eu
lieu (2).

§ VI.

De la cession à titre de dot.

En règle générale, tout ce que la femme abandonne à son
mari est considéré comme une donation, et, à ce titre, frappé
de nullité. Mais rien ne l'empêche de céder à son époux
tout ou partie de ses biens à titre de dot, car la détermination des objets frappés de dotalité n'était point immuable. La
femme avait la faculté d'augmenter son apport pendant le
mariage. Quant à la contradiction paraissant exister entre la
possibilité d'augmenter la dot et la défense de faire des libéralités à un mari, elle n'est qu'apparente. Sans doute le mari
devient propriétaire de la dot, mais il n'acquiert pas *ex causâ
lucrativâ ;* les revenus de la dot sont destinés à supporter les

(1) L. 7, D. *de mort. caus. don.*
(2) L. 21, Cod. *de don. int. vir. et ux.*

charges du mariage, à entretenir la femme et à élever les enfants. Quoique, en droit romain, le mari fût le *dominus dotis*, les biens dotaux ne cessaient pas d'être la chose de la femme : *quamvis in bonis mariti dos sit, mulieris tamen est* (1). Les époux jouissaient en commun des produits de la dot, et, à la dissolution du mariage, le mari était tenu de la restituer. Sont-ce là les caractères ordinaires d'une donation ? On objecte que dans l'ancien droit le mari conservait la dot et était dispensé de toute restitution. Mais, le bénéfice se réalisant à son profit à une époque où le mariage n'existait plus, il était impossible de faire à ce cas l'application de la règle prohibitive des donations entre époux.

§ VII.

Des donations d'usage et d'habitation; des fruits, des annuités et des munuscules.

Un assez grand nombre de donations sont valables *ab initio*, sans avoir besoin d'être confirmées par la mort du donateur, en vertu de la règle : *non amare, nec tanquam inter infestos jus prohibitæ donationis tractandum est; sed, ut inter conjunctos maximo affectu et solam inopiam timentes* (2). Telles sont les donations d'usage et d'habitation. Un époux peut, sans être tenu à aucune restitution, se servir des vêtements et des esclaves de son conjoint (3). Il en est de même de l'usage d'une maison donnée pour être habitée; car le prêt de cet immeuble pour tout autre emploi, par exemple pour exercer une industrie, constituerait une donation (4).

(1) L. 75, D, *de jure dot.*
(2) L. 28, § 2, D, *de don. int. vir. et ux.*
(3) L. 18, D. *de don. int. vir. et ux.*
(4) L. 9 p., D. *de don.*

Comme la dot ne doit pas être détournée de sa destination, la permission accordée par un mari à sa femme de percevoir les fruits dotaux serait une libéralité; aussi pourrait-il répéter, jusqu'à concurrence de son enrichissement, ceux qu'elle n'aurait pas consommés (1). Mais si le mari révoquait la donation d'un immeuble faite par lui à sa femme, celle-ci aurait-elle le droit de garder les fruits perçus pendant la détention de l'immeuble?

Les jurisconsultes sont loin d'être d'accord sur la solution qu'il convient de donner à cette question. Ulpien est pour l'affirmative; il assimile les fruits perçus par le donataire aux intérêts dont un époux peut faire remise à l'autre, et, sans avoir égard à l'enrichissement qu'ils procurent, il se prononce nettement pour le maintien de semblables libéralités (2).

La négative était soutenue par Marcellus. Le jurisconsulte suppose, dans la loi 49 de notre titre, qu'une mère, voulant faire parvenir un fonds à son fils encore en puissance paternelle, le livre à son mari, avec prière de le restituer, à sa mort, à leur enfant commun. Dans ce cas, Marcellus décide que l'acte intervenu ne produira aucun effet si on a voulu déguiser une libéralité, et il prive le père de toute jouissance intérimaire.

Dans la loi 45, D. *de usuris*, Pomponius distingue entre les fruits naturels et industriels; il accorde ceux-ci au donataire pour l'indemniser de ses frais de culture; mais il lui refuse ceux qui ne sont pas le résultat de ses soins.

De ces trois systèmes, le second semble le plus logique, car il n'y a aucune analogie possible des fruits avec les intérêts.

Il n'y a pas non plus de donation si la femme livre ou promet quelque chose à son mari en compensation des charges

(1) L. 8, Cod. *de don. int. vir. et ux.*
(2) L. 17, D. *de don. int. vir. et ux.*

du ménage qu'il doit supporter. Ainsi il peut exiger les intérêts d'une dot à lui promise (1), et réciproquement on ne
doit pas considérer comme une libéralité les choses données
à la femme pour son entretien et celui de ses esclaves, dont
l'usage est commun, par exemple une somme annuelle ou
mensuelle (2). Il faut en dire autant de l'abandon que le mari
lui ferait des intérêts de sa dot, à la condition de pourvoir à
sa nourriture et à celle de ses esclaves (3). De même, la
femme voyage-t-elle d'après la volonté de son mari, les frais
de route sont, comme les aliments, une charge de la dot : *non
enim donat qui necessariis oneribus succurrit* (4).

La femme peut donc recevoir, pour sa nourriture et les
frais de voyage, de l'argent de son mari ; mais la réciproque
n'est pas vraie. Si, pour les mêmes causes, elle en fournis-
sait à son mari, elle aurait une revendication pour recouvrer
les espèces en nature, et, au cas de consommation, une *condictio* jusqu'à concurrence de son enrichissement, car cela
serait contraire aux usages et aux convenances (5).

Le principe de la loi 28, §2, D., explique encore la validité de
donations d'une autre espèce. Comme nous, les Romains célé-
braient, à certaines époques de l'année, des fêtes de famille
qui étaient l'occasion de présents destinés à en conserver le
souvenir. Ainsi les époux se faisaient réciproquement des
cadeaux le jour de leur naissance ; la femme recevait de son
mari des dons aux calendes de Mars, qu'elle lui rendait ensuite
aux fêtes de Saturne, suivant cette expression de Martial :

> Scis certe, puto, vestra jam venire
> Saturnalia, martias calendas.
> Tunc reddam tibi, Galla, quod dedisti,

(1) L. 21, § 1, D, *de don. int. vir. et ux.*
(2) L. 58, § 1, D. *de don. int. vir. et ux.*
(3) L. 21, § 1, D. *de don. int. vir. et ux.*
(4) L. 21 p., D. *de don. int. vir. et ux.*
(5) L. 33, § 1, D. *de don. int. vir. et ux.*

Aucune restriction n'était apportée à ces libéralités, lorsqu'elles conservaient un caractère de modicité (1).

CHAPITRE IV.

DES EFFETS DE LA PROHIBITION.

La loi qui défendait les donations entre époux n'était point dépourvue de sanction ; elle prononçait la nullité absolue des actes passés au mépris de ses prohibitions. Il en résultait des effets non-seulement entre conjoints, mais encore vis-à-vis des tiers. Examinons-les dans deux sections séparées.

SECTION PREMIÈRE.

EFFETS DE LA PROHIBITION ENTRE CONJOINTS.

La défense de la loi produisait un effet tellement énergique, qu'entre époux la tradition n'avait pas la puissance de transférer la propriété, la promesse sur stipulation de créer, ni l'acceptilation d'éteindre une créance (2). Pour anéantir le résultat ordinaire des donations faites par tradition, par promesse ou par des moyens indirects, des voies de droit étaient ouvertes au disposant.

§ Ier.

Des donations par tradition.

La loi annulait tout ce qui avait été fait malgré sa défense.

(1) L. 31, § 8, D. *de don. int. vir. et ux.*
(2) L. 3, § 10, et 52, § 1, D. *de don. int. vir. et ux.*

Si un corps avait été livré, la tradition n'était pas valable (1); la possession elle-même n'aurait pas pu être transférée. Un époux pouvait bien transmettre une possession n'ayant pour fondement que la détention exercée *animo domini* par le donataire; mais il était incapable de lui donner la possession civile. L'époux à qui une chose avait été livrée possédait *pro possessore*, mais non *pro donato*, sans pouvoir invoquer la possession du donateur.

Si la tradition n'avait pas la force de donner aux époux une possession civile, à plus forte raison devait-elle être impuissante à transférer la propriété (2). Or, du principe que le domaine de la chose n'était pas acquis à l'époux donataire résultaient plusieurs conséquences :

La première consistait dans la possibilité, pour le donateur, de revendiquer les choses données existant en nature (3); car la revendication est toujours l'apanage du droit de propriété. Cependant cette action s'écartait, en notre matière, de ses règles ordinaires. D'après le droit commun, le défendeur à une revendication qui refuse de restituer la chose litigieuse s'expose aux conséquences rigoureuses du *juramentum in litem*. Entre époux, on écartait ces règles sévères; le conjoint n'était jamais tenu de rendre que la valeur de la chose ; il suffisait qu'il ne s'enrichît pas au détriment du donateur.

Ce n'était pas la seule dérogation admise en cette matière. Ordinairement le défendeur, qui, à cause de son refus de restituer, est obligé de payer, ne peut exiger aucune promesse de garantie pour le cas où il serait évincé (4). Entre époux, la règle était différente : le conjoint, en recevant la valeur de sa chose, jouait le rôle de vendeur, et, à ce titre, il devait garantir de l'éviction. Toutefois, contrairement à l'u-

(1) L. 3, § 10, D. *de don. int. vir. et ux.*
(2) L. 3, § 11, D. *de don. int. vir. et ux.*
(3) L. 36, D. *de don. int. vir. et ux.*
(4) L. 35, § 2, D. *de rei vind.*

sage où l'on était de stipuler, pour ce cas, une restitution du double de la valeur de la chose, la caution que l'époux était obligé de fournir se restreignait au simple (1).

La revendication des matériaux employés par l'époux donataire à ses constructions avait donné lieu à quelques difficultés (2). D'après Nératius, le donateur pouvait les revendiquer, contrairement à cette règle des XII Tables : *Tignum junctum ædibus ne solvito.* Il en donne pour raison que les décemvirs n'avaient prévu que le cas où les matériaux seraient employés à l'insu du maître. Ce motif portait à faux. Si le propriétaire ne pouvait revendiquer lorsqu'il avait ignoré l'usage que l'on voulait faire de sa chose, à plus forte raison cette voie de recours devait-elle lui être fermée lorsqu'il savait l'emploi auquel on la destinait. Aussi Paul ajournait la revendication jusqu'à la destruction de l'édifice; il aurait sans doute accordé une *condictio* jusqu'à concurrence de l'enrichissement de l'époux donataire. Il est probable que la revendication des matériaux était possible, mais à la double condition d'être de quelque utilité après l'enlèvement et d'être destinés à l'usage du donateur; car, si la destruction avait eu lieu pour les revendre, on serait tombé sous l'application du sénatus-consulte d'Adrien, qui prohibait la destruction des édifices faite *commercii causâ.*

La revendication n'aurait pas été empêchée par la vente suivie de livraison de la chose donnée, consentie à un tiers. Comme la propriété restait en suspens jusqu'à la mort du donateur, cette action pouvait être exercée contre les tiers détenteurs des biens donnés (3).

Puisque la chose livrée pour cause de donation entre mari et femme appartenait toujours au donateur, celui-ci restait

(1) L. 36, D. *de don. int. vir. et ux.*
(2) L. 63, D. *de don. int. vir. et ux.*
(3) L. 11, § 9, D. *de don. int. vir. et ux.*

propriétaire de tout ce qui s'ajoutait à sa chose par accession.
Si donc un époux bâtissait sur le fonds que lui avait donné
son conjoint, les constructions étaient au donateur ; mais le
donataire pouvait, par une exception de dol, exiger remboursement de ses impenses (1).

La troisième conséquence du principe ci-dessus indiqué
découle de cet adage de droit : *ubi emolumentum, ibi et onus
esse debet*. Si le donateur profitait des accroissements survenus
à sa chose, par une juste réciprocité il devait supporter la
destruction totale ou partielle advenue par cas fortuit (2).

La règle recevait bien exception, lorsque la perte de la
chose était le résultat du dol du donataire (3); mais fallait-il
assimiler au dol les simples fautes, les négligences? Non. Si
l'époux ne pouvait pas se croire propriétaire, au moins l'usage
de la chose était-il censé fait *sciente et volente domino*. Du
moment qu'il n'y avait pas de dol de la part du donataire, il
était excusable.

Le donateur reste propriétaire de la chose livrée, mais il
n'a aucun droit de revendication sur ce que le donataire a
acquis en remploi de ce qu'il a reçu (4). De même, si la chose
donnée a été transformée par la spécification, la nouvelle espèce appartient au donataire (5).

De la condictio. — Les choses objet des libéralités entre
époux restaient, nonobstant la tradition, la propriété du donateur; mais ce qui était acquis avec des espèces données
appartenait au donataire et ne pouvait être revendiqué. Tel
était le cas où la femme achetait des esclaves avec l'argent
reçu de son mari (6). De même, il y avait impossibilité de

(1) L. 31, § 2, D. *de don. int. vir. et ux.*
(2) L. 28 p., D. *de don. int. vir. et ux.*
(3) L. 37, D. *de don. int. vir. et ux.*
(4) L. 0, Cod. *de don. int. vir. et ux.*
(5) L. 29, § 1, D *de don. int. vir. et ux.*
(6) L. 9, Cod. *de don. int. vir. et ux.*

revendiquer des espèces consommées par le donataire ou confondues avec les siennes (1). Ces exemples montrent la nécessité dans laquelle la loi se trouvait d'accorder à l'époux donateur une action qui lui permit d'agir contre le donataire jusqu'à concurrence de l'enrichissement de ce dernier (2). Aussi lui accordait-on à cet effet une *condictio*.

Comment calculera-t-on l'accroissement de patrimoine que la donation a procuré au donataire ? — Celui-ci était censé devenu plus riche nonobstant son insolvabilité, s'il possédait les choses qu'il avait acquises avec le montant de la donation (3). On faisait également entrer en ligne de compte les produits encore existants des choses achetées avec l'argent donné (4). Mais à quel temps se reporter pour apprécier cet enrichissement du donataire ? A celui de la *litis-contestatio* ou du jugement ? C'est le moment de la *litis-contestatio* que l'on considérait (5). Si un bien acheté avec des deniers donnés avait diminué de prix, on répétait seulement sa valeur actuelle (6). Si, au contraire, par suite de son augmentation, il représentait une valeur supérieure à l'argent donné, le donataire n'était tenu de restituer que la somme qui lui avait été comptée (7).

Lorsqu'un fonds avait été acheté par un époux, partie avec son argent, partie avec celui donné par son conjoint, et qu'il venait à diminuer de valeur, les époux supportaient la perte chacun en proportion de la somme qu'il avait fournie pour son acquisition (8).

---

(1) L. 5, § 18, D. *de don. int. vir. et ux.*
(2) L. 5, § 18, D. *de don. int. vir. et ux.*
(3) L. 55, D. *de don. int. vir. et ux.*
(4) L. 28, § 5, D. *de don. int. vir. et ux.*
(5) L. 7 p., D. *de don. int. vir. et ux.*
(6) L. 7. § 3, D. *de don. int. vir. et ux.*
(7) L. 28, § 3, D. *de don. int. vir. et ux.*
(8) L. 7, § 4, D. *de don. int. vir. et ux.*

De ce qui précède, il résulte que la chose achetée par un conjoint avec l'argent qui lui avait été donné par l'autre était aux risques du donateur jusqu'à la *litis-contestatio*. On décidait même que si le donataire vendait la chose qu'il avait acquise par un premier emploi de l'argent qu'il avait reçu pour faire une autre acquisition, la perte des biens ainsi achetés en remploi retombait sur le donateur (1). Mais il en était différemment lorsque l'époux donataire s'était servi de l'argent qu'il avait reçu pour payer des acquisitions étrangères à la donation ; car il était censé devenu plus riche à raison de sa libération, encore que la chose eût diminué de valeur depuis l'achat, ou même qu'elle eût totalement péri (2).

Le principe qu'un époux donataire n'est tenu de restituer que ce qui l'a enrichi ne doit pas être étendu aux sommes qu'un mari aurait reçues de sa femme à titre de prêt ; car ce qui n'a été que prêté doit être restitué intégralement (3); et même, si l'argent a été donné dans l'origine, et qu'ensuite la donation ait été convertie en prêt, le disposant pourra répéter la somme entière (4). Enfin , y avait-il doute sur l'origine de biens possédés par la femme, pour éviter tout soupçon de gains honteux, on supposait par décence qu'elle les avait reçus de son mari (5).

Le débat qui naissait de la demande du donateur devait s'agiter entre le donataire et lui. Les époux avaient-ils figuré au contrat de donation ? la demande était adressée au conjoint gratifié. La libéralité avait-elle été faite à l'aide de l'interposition d'une personne n'ayant pas capacité de recevoir à raison de sa position personnelle vis-à-vis de l'un des époux ? c'étaient le donateur et le donataire apparent qui étaient en

(1) L. 29, D. *de don. int. vir. et ux.*

(2) L. 7, § 7 et 80 p., D. *de don. int. vir. et ux.*

(3) L. 58, § 2, D.; 17, Cod. *de don. int. vir. et ux.*

(4) L. 57, D. *de don. int. vir. et ux.*

(5) L. 51, D. *de don. int. vir. et ux.*

cause. Ainsi, lorsque c'est à son beau-père que le mari a donné, c'est contre lui, et non contre sa femme, qu'il doit diriger son action.

Compensation.—Si les époux se sont fait des donations réciproques, devra-t-on accorder à chacun la répétition de ce qu'il a donné? Par exception à la règle de la prohibition, on validait, au moyen d'une compensation, l'une et l'autre libéralité. Cette règle était suivie alors même que l'un des époux avait dépensé ce qu'il avait reçu, tandis que l'autre l'avait conservé (1); mais un conjoint n'était pas tenu de compenser la donation licite qu'il avait acceptée avec la donation illicite qu'il avait faite. Si le mari, par exemple, a fait une donation à sa femme qui a disposé par legs en sa faveur, les héritiers de celle-ci n'auront pas le droit d'invoquer la compensation (2).

§ II.

Des donations par promesse ou par acceptilation.

Puisque la donation effectuée par une tradition ne produit pas d'effets, à plus forte raison doit-il en être de même de la promesse par stipulation et de l'acceptilation. L'époux stipulant n'acquiert rien, et le promettant ne s'oblige pas. La nullité est tellement absolue, que celui-ci n'a même pas besoin d'une exception pour repousser l'action dirigée par celui-là. Lorsqu'un époux était créancier de l'autre, la remise qu'il lui faisait par acceptilation ne produisait pas de libération; le débiteur continuait de devoir, et le créancier gardait la faculté de faire valoir son droit (3).

(1) L. 7, § 2, D. *de don. int. vir. et ux.*
(2) L. 48, D. *de don. int. vir. et ux.*
(3) L. 3, § 10, D. *de don. int. vir. et ux.*

La prohibition amenait même des résultats assez singuliers. D'après les principes ordinaires, le *correus promittendi* est libéré par l'acceptilation obtenue par son codébiteur, comme il le serait par un payement. Lorsque le créancier avait son conjoint pour un de ses débiteurs, le résultat de l'acceptilation variait suivant qu'elle était faite à l'époux ou à un des autres *correi promittendi*. Au premier cas, elle était nulle, et personne ne pouvait en invoquer le bénéfice ; au second, elle n'avait d'effet que vis-à-vis de celui à qui elle était faite et des *correi promittendi* autres que le conjoint (1). Il est difficile de concilier ce résultat de la prohibition avec les principes généraux. Cependant on peut dire avec Voët (2) que l'acceptilation, qui ne peut pas profiter à tous les autres débiteurs, est frappée de nullité ; mais que, faite à un *correus promittendi* autre que le conjoint, elle renferme implicitement un pacte *de non petendo*, que celui-ci ne peut pas invoquer, parce que ses effets sont personnels.

§ III.

Des donations indirectes.

La donation indirecte qui avait lieu par déguisement d'acte engendrait, suivant les circonstances, une revendication ou une *condictio sine causâ*. Un époux avait-il vendu à son conjoint pour une somme inférieure au prix réel ? il naissait de cet acte une *condictio*. Si on avait déguisé une donation sous la forme d'une vente, le contrat donnait naissance à une revendication de l'objet donné, ou à une *condictio*, s'il était impossible de revendiquer. La loi défendait le pacte *de non petendo* consenti après une vente sérieuse, ainsi que toute

---

(1) L. 8, § 1, D. *de don. int. vir. et ux.*
(2) Ad. Pand. h. tit. n° 8.

renonciation à la garantie en cas d'éviction ; la sanction de cette défense était la nullité (1).

Que si on avait eu recours, pour couvrir une libéralité, à une estimation inexacte de la dot, cette fraude trouvait un remède dans la faculté qu'avait le mari de faire et la femme d'exiger la restitution en nature des biens qui la composaient (2).

La donation par omission était un moyen qui se prêtait facilement à masquer des avantages indirects. La sanction de la nullité prononcée contre ces sortes de libéralités consistait dans l'exercice des actions que nous venons d'indiquer. Ainsi l'époux qui a laissé éteindre par non-usage un droit de passage sur le fonds de son conjoint a une *condictio* pour le contraindre à lui reconstituer sa servitude (3).

Quelquefois la donation était adressée, partie au conjoint, et partie à un étranger ; alors il convenait de distinguer si l'acte était divisible ou indivisible : dans le premier cas, il était nul pour partie seulement ; dans le second, on validait la donation qu'il contenait (4).

SECTION II.

DE L'EFFET DE LA PROHIBITION A L'ÉGARD DES TIERS.

Une donation prohibée peut résulter d'un acte juridique passé avec une tierce personne ; or une telle libéralité était frappée d'une nullité aussi radicale que celle dans laquelle les époux seuls auraient figuré comme parties. Un époux promet-il d'acquitter la dette de son conjoint, son engagement est nul et la libération n'est pas acquise au débiteur (5).

(1) L. 31, § 5, D. *de don. int. vir. et ux.*
(2) L. 7, § 5, D. *de don. int. vir. et ux.*
(3) L. 5, § 6, D. *de don. int. vir. et ux.*
(4) L. 5, § 2, D. *de don. int. vir. et ux.*
(5) L. 5, § 4, D. *de don. int. vir. et ux.*

Sans doute on eût pu maintenir l'acte, et décider que l'époux aurait une *condictio*, comme dans le cas où il compte des espèces à son conjoint ; mais le législateur romain avait suivi une voie plus directe et plus sûre pour anéantir les effets de cette libéralité, car la *condictio* eût été inutile contre l'époux devenu insolvable.

Le transport de créances, valable entre étrangers, ne produit pas plus d'effet entre époux que l'engagement d'acquitter la dette grevant l'un d'eux. Si donc un mari ordonne à son débiteur de payer entre les mains de sa femme, rigoureusement il faudrait dire, comme Africain, que le débiteur n'acquiert pas sa libération en se conformant à cet ordre, qu'il conserve la propriété de ses espèces, qu'il peut agir par la *condictio* contre la femme, si elle les a dépensées, ou les revendiquer dans le cas contraire, et qu'enfin il reste obligé vis-à-vis du mari, dont il ne peut repousser la réclamation par une *doli exceptio* qu'en consentant à lui céder ses actions contre la femme (1). Tel semblerait devoir être le résultat de la prohibition. Cependant, d'après Ulpien, le mari acquiert la propriété des espèces et le débiteur est libéré (2). Ce résultat s'explique par une tradition fictive : le débiteur est censé avoir payé au créancier, et celui-ci avoir remis l'argent à sa femme ; pour plus de célérité et ne pas faire d'actes inutiles, on omet en fait et on sous-entend une de ces opérations. Les choses doivent se passer comme s'il y avait eu deux traditions, l'une faite par le débiteur à son créancier, l'autre par le mari à sa femme : la première doit être valable, la seconde seule est inutile à cause de la prohibition des donations entre époux ; mais la nullité de celle-ci ne doit pas infirmer la validité de celle-là. Il en résulte que la propriété des espèces s'arrête dans la personne du mari créancier, sans pouvoir devenir celle de la femme.

(1) L. 38, § 1, D. *de solut.*
(2) L. 3, § 12, D. *de don. int. vir. et ux.*

Voilà donc une contradiction frappante entre la doctrine d'Africain et celle d'Ulpien. N'était-ce là qu'une divergence sur un point spécial, ou au contraire une opposition de doctrine? Les textes prouvent que les principes suivis par ces deux jurisconsultes étaient complétement différents (1). Il existait entre eux une contrariété d'opinion que l'on tâcherait vainement de concilier. Tout ce que l'on peut induire des différentes lois du Digeste, c'est que, du temps d'Ulpien, on admettait des fictions inconnues à l'époque d'Africain. L'opinion du premier doit être considérée comme le résultat et l'expression définitive de la législation.

Il y a un cas qui devrait être régi d'après les mêmes principes : c'est celui où un mari payerait un créancier de sa femme en vue de lui faire une donation. D'après l'ancien droit, l'acte serait nul ; la femme ne serait pas libérée de sa dette, et le mari aurait pour recouvrer son argent une revendication ou une *condictio.* Par suite du développement du constitut possessoire, la femme est censée avoir reçu l'argent de son mari et l'avoir remis à son créancier ; celui-ci étant alors désintéressé avec l'argent d'autrui, le payement ne devient valide que lorsque l'argent a été consommé. Le mari est libre de revendiquer la somme tant qu'elle est conservée en nature par le créancier ; mais, dès qu'elle est dépensée, la femme est libérée de sa dette, et le mari a contre elle une *condictio,* parce qu'elle se trouve enrichie à ses dépens.

Julien, qui professait la même doctrine qu'Ulpien, l'appliquait au cas où le mari charge celui qui veut le gratifier d'adresser sa libéralité à sa femme (2). Comme le tiers est censé avoir fait la tradition au mari, celui-ci conserve vis-à-vis de lui la qualité de donataire, et peut réclamer de sa femme, à titre de propriétaire, la somme qu'elle a reçue.

(1) L. 31 p., D. *mand.,* et 15, D. *de reb. dub.*
(2) L. 3, § 13 ; 4 et 50, D. *de don. int. vir. et ux.*

Jusqu'ici nous avons supposé, dans le cas de délégation faite par un mari à sa femme pour lui faire une donation, que le délégué était le débiteur ou le donateur du mari ; la solution serait identique, alors même que la personne déléguée n'aurait aucune de ces deux qualités, et ne promettrait sur l'ordre d'un époux à l'autre conjoint que dans l'intention d'acquérir contre le donateur l'action *mandati*. Cet acte, valable entre étrangers, et de nature à engendrer une *condictio*, est nul entre époux.

CHAPITRE V.

DU SÉNATUS-CONSULTE RENDU SOUS SEPTIME-SÉVÈRE ET ANTONIN CARACALLA.

Une modification profonde fut apportée à la législation des donations entre époux par un sénatus-consulte attribué par les textes tantôt à Septime-Sévère (1), tantôt à son fils Caracalla (2), tantôt à l'un et à l'autre à la fois (3).

Quelques auteurs ont admis la coexistence de deux sénatus-consultes ; mais il n'a dû y en avoir qu'un seul, rendu en 206 de l'ère chrétienne, sous le règne de Septime-Sévère et de Caracalla, son fils, alors associé à l'empire. Voyons dans quel esprit il avait été promulgué.

S'il était équitable de révoquer les donations entre époux qui pouvaient être le résultat de la contrainte, il ne l'était pas moins de valider celles qui, faites avec réflexion et liberté, étaient de la part d'un époux une manifestation non équivoque du désir qu'il avait de gratifier son conjoint. Pourquoi infirmer une donation, lorsque le disposant persévérait

---

(1) L. 23, D. *de don. int. vir. et ux.*, et §276, *frag. vat.*
(2) L. 3 p., et 32 p. et § 1er, D. *de don. int. vir. et ux.*
(3) L. 3, Cod. *de don. int. vir. et ux.*, et §201, *frag. vat.*

jusqu'à sa mort dans ses intentions libérales? Ce fut cette idée qui dicta le sénatus-consulte rendu sur la proposition de Caracalla. A partir de cette époque, la voie du repentir fut toujours ouverte au donateur ; mais, lorsqu'il mourait sans avoir usé de son droit de révocation, ses héritiers n'étaient pas admis à critiquer sa libéralité, parce qu'il y aurait eu de leur part dureté et avarice à reprendre, contrairement à la volonté du *de cujus*, ce qu'il avait donné. *Fas esse, eum qui donavit pœnitere, hæredem vero eripere forsitan adversus voluntatem supremam ejus qui donavit durum et avarum esse* (1). Dès lors le silence du donateur équivalut à l'ancienne ratification par testament (2). A sa mort, les choses devenaient de plein droit la propriété du donataire. Les libéralités entre-vifs, comme celles faites *mortis causâ*, étaient confirmées par le prédécès du disposant. La mort résultant d'une condamnation avait les mêmes effets que la mort naturelle. La donation antérieure au crime n'était pas infirmée par la condamnation du donateur à une peine capitale (3). Cette disposition, restreinte d'abord aux militaires, fut étendue, par des considérations d'humanité, aux autres citoyens (4). L'espèce de mort civile résultant de la perte de la cité validait également les donations. Si donc les deux époux étaient pris par l'ennemi, les libéralités simples ou réciproques qu'ils s'étaient faites étaient confirmées, bien qu'ils mourussent ensuite chez l'ennemi à des époques différentes (5).

Primitivement la condamnation aux mines produisait la *servitus pœnæ*, et confirmait, en dissolvant son mariage, la donation faite par celui qui avait encouru cette peine (6). Cette

(1) L. 32, § 2, D. *de don. int. vir. et ux.*
(2) L. 109 p., D. *de leg. 1°.*
(3) L. 24, Cod. *de don. int. vir. et ux.*
(4) L. 24, Cod. *de don. int. vir. et ux.*, et 13, Cod. *de test. milit.*
(5) L. 32, § 14, D. *de don. int. vir. et ux.*
(6) L. 24, Cod. *de don. int. vir. et ux.*

servitude ayant été abolie par Justinien, les donations, au lieu d'être confirmées, restèrent dès lors en suspens jusqu'à la mort du condamné (1).

La mort du donateur mettait les donations à l'abri de toute attaque, même de celle du fisc (2) ; mais la confirmation ne produisait d'effet que jusqu'à concurrence des valeurs héréditaires du disposant, déduction faite de ses dettes. Aucune ratification n'était donc possible quand il mourait insolvable (3). La validité des donations était de plus soumise à l'insinuation lorsqu'elles excédaient 200 solides avant Justinien, et 500 depuis cet empereur ; à défaut de cette formalité, elles étaient nulles pour l'excédant, mais pouvaient être confirmées par testament. La condition de l'insinuation une fois remplie, à l'imitation de la donation à cause de mort, la donation entre-vifs, confirmée par la mort du donateur, avait un effet rétroactif (4).

Cette assimilation eut pour conséquence de faire tomber toutes ces libéralités sous l'application de loi Falcidie. La réduction autorisée par cette loi au profit de l'héritier contre les légataires fut successivement étendue aux fidéicommis par le sénatus-consulte Pégasien (5) ; aux donations à cause de mort, par une constitution de Sévère et d'Antonin (6), et enfin aux donations entre époux (7), qui subirent alors une réduction du quart au profit de l'héritier, à moins que le disposant n'ordonnât formellement de les exécuter en entier. Toutefois l'on ne réduisait ainsi que les donations confirmées par le silence du donateur. Lorsque la libéralité était valable,

(1) Nov. 22, ch. 8.
(2) L. 1, Cod. *de don. int. vir. et ux.*
(3) L. 15, Cod. *de don. int. vir. et ux.*
(4) L. 25, Cod. *de don. int. vir. et ux.*
(5) § 5, Inst. *de fideicom. hered.*
(6) L. 5, Cod. *ad leg. Falc.*
(7) L. 32, § 1er, D. *de don. int. vir. et ux.*

d'après l'ancien droit, comme donation entre-vifs, elle n'était soumise à aucune réduction (1).

§ 1er.

Application du sénatus-consulte aux personnes figurant dans la donation.

Ce n'étaient pas seulement les donations que se faisaient directement les époux qui étaient validées par le prédécès du donateur, mais encore celles qu'ils étaient censés se faire par les personnes avec lesquelles ils se confondaient. La donation était alors confirmée par le prédécès de l'époux réputé donateur. Ainsi un père ayant le mari sous sa puissance faisait-il une donation à sa bru ou au père dont elle dépendait ? le mari étant présumé donateur, c'était par sa mort que la libéralité était confirmée (2).

Lorsque le tiers interposé, au lieu d'appartenir à la famille de l'un des époux, leur est étranger, et que le donateur meurt avant la restitution, une distinction est nécessaire ; car l'effet de l'interposition varie suivant qu'elle émane de l'un ou de l'autre des époux. Le tiers a-t-il été interposé par le donateur ? il n'y a pas de contrat formé entre les époux ; la mort du disposant met fin au mandat qu'il a donné, et les héritiers peuvent s'opposer à la restitution. Est-ce au contraire par le donataire qu'est faite l'interposition ? un contrat s'est formé entre les époux par la remise de la chose à ce tiers, qui peut restituer valablement même après la mort du donateur (3).

(1) L. 12, Cod. ad leg. Falcid.
(2) L. 32, § 16, D de don. int. vir. et ux.
(3) L. 11, § 8, D. de don. int. vir. et ux.

§ II.

A quelles donations s'applique le sénatus-consulte.

L'*oratio* s'appliquait non-seulement aux donations consenties pendant l'union des époux, mais encore à celles qui
avaient lieu entre fiancés, mais dont l'exécution était reportée
à l'époque du mariage (1). De l'avis de tous les jurisconsultes, il
validait les donations exécutées par tradition, par omission ou
par déguisement d'acte ; mais son application aux donations
faites par promesse ou remise de dettes était l'objet d'une
vive controverse.

Relativement à cette question, deux opinions se produisi-
rent. D'après la première, l'innovation du sénatus-consulte
n'avait trait qu'aux donations suivies d'exécution, dans lesquelles il y avait eu dessaisissement du donateur. C'était
l'avis de Papinien. Ce jurisconsulte distingue dans la loi 23
de notre titre les *donationes rerum*, c'est-à-dire celles qui ont
mis le donataire en possession, des donations consistant en
simple promesse non exécutée, et il n'applique l'*oratio* qu'aux
premières.

La deuxième opinion, s'attachant plus à l'esprit qu'à la
lettre du sénatus-consulte, l'étendait à toute espèce de donations. Ce fut le système suivi par Ulpien. C'est aussi le plus
rationnel et le plus conforme aux textes ; car la loi 32, § 1er,
D., porte : *Oratio pertinet ad omnes donationes..... ut et ipso
jure fiant ejus cui donatæ sunt, et obligatio civilis fit* ; et, gé-
néralisant encore davantage, le § 23 de la même loi ajoute
que l'*oratio* s'applique à toute sorte de donations.

La loi 33 pr. et § 2 fait l'application de cette doctrine.

_____

(1) L. 32, § 22, D. *de don. int. vir. et ux.*

Elle suppose une annuité stipulée par un époux de son conjoint, et elle déclare que pendant le mariage aucune action ne sera ouverte, mais que la stipulation sera confirmée par le sénatus-consulte.

Enfin la loi 2, C. *de dote cauta*, donne un appui énergique aux textes précités. L'hypothèse de cette constitution d'Alexandre Sévère est celle-ci : pendant le mariage, le mari a reconnu, pour avantager sa femme, avoir reçu de celle-ci une dot plus forte que celle qu'elle avait apportée ; or on déclare la donation validée par la mort du donateur.

Des motifs de diverse nature confirment cette décision des textes. D'abord comme ce sont les décisions d'Ulpien qui ont servi à exposer la matière des donations entre époux; ne sommes-nous pas autorisés à rejeter les restrictions de Papinien? A cette considération s'ajoute un motif plus décisif. Les donations entre époux ont été assimilées par le sénatus-consulte aux donations à cause de mort ; or ce dernier genre de libéralité pouvait emprunter les formes de la stipulation, et une action naissait, au profit du stipulant, contre les héritiers du promettant. Papinien lui-même, en annulant dans la loi 52, § 1er, l'effet de la promesse *mortis causâ* entre époux, parce que le mari donataire était prédécédé, reconnaît par cela même son efficacité. Pourquoi donc ne pas appliquer les mêmes règles aux donations entre-vifs, assimilées, depuis la promulgation du sénatus-consulte, aux donations *mortis causâ*?

Les partisans du système contraire font, il est vrai, plusieurs objections. D'abord ils invoquent la loi 23, D., de notre titre, où Ulpien, en rapportant l'opinion de Papinien, semble l'approuver par l'emploi du mot *recte*. Quelques interprètes ont retranché ce mot ; d'autres ont admis l'existence de deux sénatus-consultes. Le premier n'aurait eu trait qu'aux *rerum donationes*, aux libéralités suivies d'exécution, et, sous l'empire de cet acte législatif, Ulpien aurait approuvé Papinien. Plus tard, un second sénatus-consulte aurait étendu les principes du premier aux donations par promesse, et alors Ulpien se serait écarté d'une opinion à laquelle il avait d'abord prêté son assentiment.

L'avis de M. de Savigny nous semble préférable (1). Suivant ce jurisconsulte, le mot *recte* s'applique seulement à la première partie du texte de la loi 23, c'est-à-dire aux *donationes rerum*. Si Ulpien rapportait ensuite l'avis de Papinien sur les donations par promesse, c'était pour le critiquer; mais comme les rédacteurs du Digeste avaient l'habitude de faire plier toutes les opinions sous l'autorité du prince des jurisconsultes, ils ont supprimé la partie critique du texte; plus tard, quand ils ont trouvé des lois d'Ulpien sur le même sujet, ils n'ont pas songé à les modifier pour les mettre en harmonie avec le système qu'ils avaient d'abord fait prévaloir.

Pour soutenir cette opinion, nous avons cité les termes du § Ier de la loi 32; on a cependant tiré une objection de ces mots : « *et obligatio sit civilis.* » D'après les glossateurs, ces expressions se rapportaient à une obligation exécutée par tradition ou autrement; par conséquent, la promesse était validée pour le passé, et non pour l'avenir. Cette idée trouve sa réfutation dans cette considération qu'il n'y a plus d'obligation après l'exécution, et que l'obligation éteinte n'a pas besoin de confirmation. Cette interprétation a cependant été appliquée par Pothier (2) à l'hypothèse de la loi 33, h, t.; suivant lui, l'annuité stipulée a été soldée, et il refuse toute répétition au conjoint qui a payé pendant le mariage. Cette opinion ne semble guère admissible.

L'explication qu'il a donnée des mots : *et obligatio sit civilis*, n'est pas plus heureuse : il suppose qu'un époux a cédé sa créance à son conjoint au moyen de la *procuratio in rem*

(1) T. iv, n° 164.
(2) H. tit. n° 73.

4

suam. Pendant la vie du cédant, le cessionnaire n'aurait aucun droit, et le cédé ne serait pas obligé envers lui; mais, à la mort du cédant, cette obligation deviendrait *civilis.* Mais les principes du droit romain s'opposaient à l'existence d'une obligation du débiteur vis-à-vis du *procurator in rem suam.* La donation par promesse, moins énergique en apparence que celle suivie de tradition, doit donc, comme celle-ci, à défaut de révocation, être confirmée par la mort du donateur. La promesse de donner équivaut à une donation. Ajoutons, en terminant cette discussion, que, par la novelle 162, ch. 1er, Justinien avait tranché la question dans ce dernier sens. Vinnius a bien contesté la valeur de cette novelle, sous prétexte qu'elle n'était pas glosée; mais cette circonstance ne lui enlève pas son autorité doctrinale.

Les termes du sénatus-consulte, quoique très-généraux, ne comprennent cependant pas les donations de choses consommées par le donataire, puisque, même avant sa promulgation, elles n'avaient pas besoin d'être confirmées. Quant au mot *consumpsisse,* employé par l'*oratio,* il doit être entendu en ce sens que le donataire ne s'est pas enrichi. Dans le cas contraire, il peut invoquer le bénéfice du sénatus-consulte (1). L'*oratio* ne pouvait pas non plus valider les négociations nulles non-seulement à raison des parties contractantes, mais encore par elles-mêmes, telles que les sociétés contractées entre époux (2).

(1) L. 32, § 9, D. *de don. int. vir. et ux.*
(2) L. 32, § 24, D. *de don. int. vir. et ux.*

CHAPITRE VI.

DES OBSTACLES A LA CONFIRMATION DES DONATIONS
ENTRE ÉPOUX.

I. *Révocation.* — En principe, la mort du donateur confirmait les donations entre époux; mais diverses causes pouvaient empêcher cet effet de se réaliser. L'obstacle le plus
naturel à la confirmation était la révocation émanée du donateur (1). Du moment qu'il s'était rétracté, la donation tom-
bait. Cette facilité de se repentir, conséquence de l'assimilation des donations entre-vifs aux donations à cause de mort,
était une garantie de la liberté du donateur. Comme il pouvait varier dans ses intentions et restituer une donation pré-
cédemment révoquée, on s'attachait à sa dernière volonté (2).
S'il y avait quelque doute sur ses intentions, le juge devait
valider la disposition (3).

La révocation pouvait être expresse ou tacite. Si la première ne devait donner lieu à aucune difficulté, il n'en était
pas de même de la seconde. L'aliénation des choses données
était bien un indice de l'intention de révoquer (4); mais il
n'en était pas de même des autres faits, desquels on pouvait
induire la même volonté.

D'abord quelle décision adopter, si le disposant a hypothé-
qué la chose donnée? Cet acte était en principe considéré
comme une marque de repentir (5). Cependant il convenait
de rechercher l'intention du donateur. S'il résultait des cir-

(1) L. 32, § 5, D., et 15, Cod. *de don. int. vir. et ux.*
(2) L. 32, § 3, D. *de don. int. vir. et ux.*
(3) L. 32, § 4, D. *de don. int. vir. et ux.*
(4) L. 12, Cod. *de don. int. vir. et ux.*
(5) L. 12, C. *de don. int. vir. et ux.*

constances qu'il n'avait pas voulu révoquer sa libéralité, le donataire pouvait conserver la chose en désintéressant le créancier, alors obligé à lui céder ses actions contre les héritiers du donateur. Comme la *pignoris obligatio* est un engagement nécessaire, Justinien décida avec raison, par la novelle 162, ch. 1, § 1er, que la donation ne serait pas censée révoquée par l'hypothèque ou la remise à titre de gage de la chose donnée.

La révocation pouvait s'induire également de dispositions de dernière volonté : ainsi la donation d'un esclave était révoquée si le disposant l'avait institué pour se créer un héritier sien et nécessaire (1).

II. *Du divorce.* — Parmi les causes de révocation tacite, il faut compter le divorce (2) . Dans l'ancien droit, il avait toujours pour conséquence d'infirmer les donations *mortis causâ* (3). Les donations entre vifs leur ayant été assimilées, il dut produire sur celles-ci les effets qu'il produisait sur celles-là. La loi se rendait ainsi l'interprète de l'intention du donateur ; car si quelquefois le divorce intervenait *bonâ gratiâ*, le plus souvent il se produisait au milieu des sentiments de haine et de colère. Dès lors comment supposer que l'époux donateur ait persévéré dans ses intentions libérales ? Mais ce n'était là qu'une présomption s'évanouissant devant la manifestation d'une volonté contraire exprimée par le donateur (4).

La réunion des époux suppose l'oubli et le pardon des injures; elle doit faire naître une présomption contraire à celle qui s'induit du divorce ; aussi la donation était-elle ravivée par cette circonstance et confirmée par là mort du dona-

(1) L. 22, D. *de don. int. vir. et ux.*
(2) L. 18, Cod. *de don. int. vir. et ux.*
(3) L. 11, § 10, D. *de don. int. vir. et ux.*
(4) L. 32, § 10, D. *de don. int. vir. et ux.*

teur (1). S'il n'y a pas eu de divorce, mais seulement refroi-
dissement entre les époux, la donation sera certainement confirmée, s'il vient à cesser (2). Une habitation séparée, souvent
nécessitée par les fonctions du mari, ne ferait pas non plus
obstacle à la confirmation, car elle n'empêche pas l'affection
conjugale de subsister (3).

Primitivement, le droit pour le père de l'un des époux de
dissoudre le mariage *bene concordans*, contracté avec son
consentement, était un attribut de la puissance paternelle (4).
Ce point de droit fut modifié par Antonin le Pieux et Marc-
Aurèle (5). Cependant l'envoi du *repudium* par le chef de
famille n'était pas sans effet. Si un beau-père envoyait le *repudium* à sa bru, la donation qu'il lui avait faite devenait
inutile, parce que, relativement à lui, il n'y avait plus de mariage (6).

III. *Prédécès du donataire.* — Le prédécès du donataire
empêchait également la confirmation de la donation. S'il en
eût été autrement, la donation aurait été validée à une époque
où elle était inutile au donataire.

De là naît cette question conforme à l'élégance du droit:
une donation a été faite par une bru à son beau-père; celui-
ci prédécède: la donation profitera-t-elle au mari (7)? Une
distinction est nécessaire. Le mari est l'unique héritier de
son père, ou il a été écarté de sa succession : au premier cas,
la donation sera maintenue en sa faveur s'il survit à sa femme,
car, par affection pour son mari, elle est censée avoir voulu
que les choses données par elle à son beau-père passassent à

(1) L. 32, § 11, D. *de don. int. vir. et ux.*
(2) L. 32, § 12, D. *de don. int. vir. et ux.*
(3) L. 32, § 13, D. *de don. int. vir. et ux.*
(4) Paul, V, VI, § 15.
(5) L. 5, Cod. *de repud.*, et 1, § 5, D. *de lib. exhib.*
(6) L. 32, § 19, D. *de don. int. vir. et ux.*
(7) L. 32, § 18, D. *de don. int. vir. et ux.*

l'unique héritier de celui-ci, et cette intention constitue de sa part une nouvelle libéralité. Au second cas, au contraire, encore qu'elle n'ait pas répété de l'étranger héritier de son beau-père le montant de la libéralité faite à ce dernier, elle n'est pas censée souscrire une nouvelle donation. Le motif d'affection d'où l'on induisait une présomption de libéralité au profit de son mari ne milite pas de la même manière en faveur d'un étranger.

Le principe de la révocation des donations par suite du prédécès du donataire ne présentait aucune difficulté d'application toutes les fois qu'un trait de temps séparait la mort du donataire de celle du donateur. Il en était différemment lorsqu'on ne pouvait pas établir un ordre de date entre ces deux événements. Si l'un et l'autre mouraient victimes d'un même accident, par exemple par suite d'un naufrage ou dans un incendie, et si les circonstances du fait ne pouvaient servir à établir lequel des deux était mort le premier, devait-on valider ou annuler les donations simples ou réciproques que les époux avaient pu se faire ? En s'attachant aux termes de l'*oratio* portant que la donation serait *nullius momenti*, « *si prior vita decessit qui donatum accepit*, » on décidait que la condition de la validité d'une donation était plutôt le non-prédécès du donataire que sa survie au donateur, que les libéralités entre époux n'avaient pas besoin d'être confirmées par la survie du donataire, qu'elles étaient seulement résolubles par celle du donateur. Conséquemment, pour faire tomber la donation, les héritiers du disposant se trouvaient dans la nécessité de faire la preuve de la condition à laquelle était subordonné leur droit, c'est-à-dire du prédécès du donataire ; or, cette démonstration étant impossible dans l'espèce, les donations intervenues entre les époux n'étaient frappées d'aucune caducité (1).

(1) L. 32, § 14, D. *de don. int. vir. et ux.*; 8 et D. *de reb. dub.*

Le prédécès du donataire avait pour résultat de faire retourner les choses données au disposant. Cet effet aurait pu être paralysé par une confirmation expresse émanée du donateur au profit des héritiers du gratifié (1).

IV. *Captivité chez l'ennemi.* — La perte de la cité résultant de la captivité produisait à peu près les mêmes effets que la mort naturelle. C'était la conséquence de la fiction de la loi Cornelia, qui supposait mort au moment de sa captivité le citoyen pris par l'ennemi. Le principe de cette loi, combiné avec le *postliminium*, va nous servir à résoudre les différentes hypothèses qui pouvaient se présenter.

Si le donateur devenu captif ne revenait pas dans sa patrie, ou s'il mourait, après son retour, avant le donataire, la libéralité était confirmée. Lorsque c'était le donataire qui avait été fait prisonnier, s'il était encore captif au moment de la mort du donateur, la libéralité n'en était pas moins validée par son retour dans la cité.

Enfin, lorsque l'un et l'autre étaient tombés en même temps au pouvoir de l'ennemi, sans tenir compte de la date de leur décès pendant la captivité, ils étaient censés morts en même temps, et par conséquent leurs donations étaient confirmées. Que si l'un d'eux seulement était revenu, il était réputé avoir survécu à l'autre, et par conséquent la donation faite à l'époux de retour se trouvait confirmée, et celle faite à celui qui était mort chez l'ennemi restait éteinte (2).

---

(1) L. 32, § 10, D. *de don. int. vir. et ux.*
(2) L. 32, § 14, D. *de don. int. vir. et ux.*

DROIT FRANÇAIS.

DE LA DONATION DE BIENS A VENIR.

(ART. 1082 ET 1083 C. N.)

———

CHAPITRE PREMIER.

DE L'ORIGINE ET DE LA NATURE DE LA DONATION DE BIENS A VENIR.

SECTION PREMIÈRE.

ORIGINE ET HISTORIQUE.

Quelle a été l'origine du mode de transmission de biens connu autrefois sous le nom de *convenance de succéder*, ou d'*institution contractuelle*, et conservé avec une dénomination nouvelle par les rédacteurs du Code Napoléon? Cette institution est-elle nationale ou étrangère? Cette question, l'une des plus controversées de ce sujet, a donné lieu à plusieurs systèmes. Des auteurs, en croyant découvrir dans le droit romain des traces de cette libéralité, lui ont assigné une origine trop reculée; d'autres, exclusivement préoccupés du rôle important qu'elle a joué sous l'empire de la féodalité, ont vu sa naissance dans une circonstance qui ne fut pour elle qu'une cause de réveil. Faut-il leur en faire un reproche? Non : l'école historique ne date que d'hier. Pour ne pas s'égarer dans cette recherche d'origine, il suffit de suivre la route tracée par des travaux récents.

Nul peuple, chacun le sait, ne fut plus jaloux de la liberté de tester que celui de Rome. La loi des Douze Tables permettait au chef de famille de disposer en maître absolu du patrimoine qu'il laisserait à sa mort. Cette faculté, bien qu'elle ait reçu quelque atteinte dans la suite, ne dégénéra jamais, chez les Romains, en une vaine prérogative. L'histoire constate l'usage qui s'établit à Rome de régler la transmission de ses biens par acte testamentaire, et ce fut pour le citoyen comme un déshonneur de mourir intestat. Aussi la législation prohiba-t-elle toute disposition qui aurait eu pour effet de restreindre la liberté de tester. Tous les pactes successoires furent défendus, qu'ils portassent sur la succession du disposant ou sur celle d'un tiers, qu'ils eussent pour objet la donation d'une hérédité ou la renonciation que l'on en aurait faite (1). Cette prohibition était une barrière destinée à arrêter la spéculation honteuse des *hérédipètes*. Ces conventions suspectes contenaient un souhait de mort, *votum mortis*. Aussi les qualifications les plus flétrissantes leur furent-elles prodiguées : *spes improba*, dit Julien; *spes prœmatura*, répète Ulpien; *spes acerbissima , plena tristissimi et periculosi eventus*, écrit à son tour Justinien; *corvina conventio*, s'écrie enfin Cujas avec force et laconisme. Voilà en quels termes ont été réprouvés les actes de nature à inspirer aux héritiers présomptifs la pensée criminelle d'attenter aux jours de leur bienfaiteur.

(1) L. 29, § 2, D. *de don.*; 61, D. *de verb. oblig.*, et 4, Cod. *de inut. stip.*

Ce n'est donc pas à la loi de Rome qu'il faut demander l'origine d'une institution qui n'était pas en harmonie avec les mœurs des Romains. Comment auraient-ils pu autoriser, même par contrat de mariage, un pacte si contraire à leurs principes, eux qui subordonnaient la validité de leur testament à des formalités spéciales, dont la première et la principale était l'institution d'héritiers ? Sous Auguste s'introduisit un usage peu connu jusqu'à cette époque, celui des codicilles. Comme ils revêtaient une forme moins solennelle que les testaments, il ne fut permis de disposer par ce mode qu'indirectement de sa succession ; il fut défendu de donner de cette manière directement sa fortune en instituant des héritiers, ou en faisant des exhérédations. Or, si la législation romaine ne permettait ni institution ni exhérédation par codicille, combien, à plus forte raison, devait-elle proscrire toute institution d'héritier renfermée dans un contrat !

Quelques exceptions à la rigueur de ces principes furent pourtant apportées par la législation du Bas-Empire : en 327, Constantin autorisa une mère à partager de son vivant, avec réserve de révocation, son hérédité entre ses enfants (1). En 531, Justinien permit le pacte sur la succession d'une personne quelconque, à la double condition qu'elle y donnerait son consentement et qu'elle persévérerait jusqu'à sa mort dans son intention (2). Mais il n'y a rien à induire de ces dérogations ; elles ne renferment pas le caractère essentiel de l'institution contractuelle : l'irrévocabilité.

Ce coup d'œil jeté rapidement sur la législation romaine prouve qu'elle ne contient même pas en germe l'institution contractuelle. Cependant des auteurs ont fait remonter jusque-là son origine, en s'appuyant, les uns sur la novelle 19 de Léon le Philosophe, les autres sur la loi 19, au Code *de pactis*.

Parmi ceux dont l'opinion repose sur la novelle 19 de l'empe-

(1) Constit. 2, Cod. Théod. 11, 24.
(2) L. 30, Cod. *de pact.*

reur Léon, figurent Basnage et Furgole. Leur erreur est facile à réfuter : la collection des 113 novelles du philosophe n'a été connue en Occident qu'au xvie siècle, par la traduction latine donnée par Agilæus en 1560, ou, plus exactement, par l'édition grecque publiée par Scringer, en 1568, à Paris ; or, depuis plus d'un demi-siècle déjà, l'usage de l'institution contractuelle avait été consacré par les coutumes, avec ses traits essentiels et caractéristiques.

Le système qui place son origine dans la loi 19, au Code *de pactis*, a pour défenseurs de Laurière (1) et Merlin (2). Suivant eux, l'époque à laquelle Geraldus Niger et Obertus de Orto écrivirent le livre des fiefs coïncide avec la renaissance des études juridiques. Le droit s'enseignait alors publiquement en Italie. Ces rédacteurs, trompés par les gloses, remarquèrent dans la loi 19 que les soldats romains pouvaient réciproquement s'instituer héritiers par contrat, et, comme la principale obligation des possesseurs de fiefs consistait dans l'assujettissement au service militaire, ils crurent pouvoir les assimiler à des soldats, et en cette qualité les appeler à la jouissance de la prérogative conférée par le droit romain. Dans la suite, l'usage aurait étendu aux successions des familles roturières un bénéfice réservé d'abord à la noblesse.

Ce système ne repose que sur une interprétation erronée de la loi 19, C. *de pactis*. La constitution dans laquelle de Laurière et Merlin ont vu un *pactum de mutua successione*, renferme en réalité un testament militaire ; or, on sait de quelles faveurs particulières jouissaient, sous l'empire, les soldats pour la rédaction de leur testament. Dès la fin du premier siècle de l'ère chrétienne, Trajan répondait : *faciant testamenta quo modo volent* (3). Les feudistes, trompés par les glossateurs,

---

(1) De Laurière, *Traité des inst. contr.*, ch. I, n° xliii.
(2) Merlin, *Rép.*, v° *Inst. cont.*, § 1er.
(3) L. 1, D. *de test. milit.*

ont pu appliquer cette constitution aux possesseurs de fiefs ; mais ne pas accorder une origine plus reculée à l'institution contractuelle, c'est un anachronisme ! Cette opinion a le tort de ne pas expliquer comment ce genre de disposition, d'abord propre à la féodalité, aurait été ensuite étendu aux familles roturières ; comment cette convention exceptionnelle, permise entre deux hommes de fiefs, se serait transformée et aurait été cantonnée dans le seul contrat de mariage.

Cependant, après avoir été indiquée au XVIIIᵉ siècle par Montesquieu (1), elle a été suivie de nos jours par deux savants.

Si les anciens auteurs ne nous ont pas conduits à la source de cette institution, du moins un grand nombre d'entre eux, parmi lesquels on doit citer Cujas (2), Coquille (3), Loysel (4), Ricard (5), Lebrun (6), en a-t-il pressenti et en quelque sorte deviné la véritable origine. Ils ont, avec raison, placé son berceau dans la loi salique ; mais, par une étrange particularité, ils invoquent le titre 29 du *Traité des fiefs*, qui ne parle qu'incidemment de la loi salique, à propos du *morgengabe*, ou dot germanique. En poussant leurs investigations plus loin, ils seraient arrivés à la source vraie de cette institution. Malgré tout, à eux revient l'honneur d'avoir signalé son origine nationale.

Quoique le texte qui offre les premiers éléments de ce mode de disposition appartienne à un titre de la législation barbare, il ne faut pas se montrer ami des vieilles origines au point de croire qu'elle fut en usage en Germanie. D'après Tacite, les Germains ne connaissaient pas le testament ; « *apud Ger-*

(1) *Esprit des lois*, L. XXXI, ch. 33.
(2) *Ad legem* 26, D. *de verb. oblig.*
(3) Sur Nivernais, ch. 27, art. 12.
(4) Inst. cout., 2, tit. 4, § 9.
(5) *Des don.*, p. 1, nᵒ 1053.
(6) *Successions*, 3, 2, nᵒ 3.

manos nullum testamentum (1). » Si l'institution contractuelle y avait été en usage, cette dérogation au droit romain
aurait frappé cet historien, et n'aurait point échappé à
ses savantes investigations. Concluons donc de son silence
même l'absence dans ce pays de cette espèce de donation.
Mais trois siècles séparent les Germains observés par Tacite
de ceux qui envahirent les Gaules. Pendant ce laps de
temps, leurs expéditions au dehors et leur contact avec les
populations gallo-romaines durent altérer profondément
leurs mœurs primitives et produire le relâchement des liens
du sang ; rompu d'abord en ligne collatérale, ce lien deviendra avec le temps moins étroit, même en ligne directe. Le
clergé de l'époque, tâchant de s'enrichir par la voie testamentaire, aidera dans une certaine mesure à cette rupture.
Son avidité excitera les plaintes les plus amères de Chilpé-
rick Ier et de Louis le Débonnaire, obligé de défendre aux
ecclésiastiques de recevoir par testament le patrimoine du père
de famille, destiné à soutenir sa postérité (2). Si tel a été, au
point de vue des mœurs, l'effet des pérégrinations des peuples
germains, si l'esprit de famille s'est perdu chez eux, les Francs,
qui envahirent la Gaule au ve siècle, durent y apporter le
droit de faire des testaments, et certainement l'usage des
pactes successoires. Un exemple remarquable nous en est
fourni par Grégoire de Tours (3), dans le traité d'Andelot,
passé, en 587, entre Gonthram, roi de Bourgogne, et son
neveu Childebert, roi d'Austrasie. Cette convention n'est
autre chose qu'un pacte sur la succession future de Gonthram, l'une des parties contractantes, et sur celle de la reine-
mère Brunehaut, figurant également à l'acte.

Mais ce n'est pas seulement sur des inductions fortifiées

_____

(1) *De moribus Germ.*, ch. XX.
(2) Grégoire de Tours, VI, ch. 46.
(3) Grégoire, liv. II, ch. 20.

par un exemple qu'il convient d'établir l'origine nationale de
l'institution contractuelle; l'esprit du juriste exige un texte
pour être convaincu; or, ce texte est le titre 49 de la loi
des Francs Saliens *de adframire* (1), que son étendue ne
permet pas de reproduire. Ce texte établit qu'au moyen de
formalités symboliques, de la *festuca in læsum jacta*, accom-
plies dans le *plet*, en présence du *tunghin* ou centenier, et des
témoins appelés pour rendre compte des faits en cas de con-
testation, le guerrier pouvait disposer de tout ou partie de sa
fortune sans se dépouiller actuellement. Le disposant, après
avoir livré les choses données et avoir mis en possession le
gratifié, les reprenait par le même moyen de tradition, pour
les conserver jusqu'à sa mort.

Voici déjà deux éléments de l'institution contractuelle :
1° la *désignation* d'un *héritier*, car le donataire y reçoit ce
titre dans différents passages : *Et ipsum quem hæredem depu-
tavit. . . . . Et illum quem hæredem appellavit;* 2° l'irrévocabilité du contrat. Ce second caractère ressort évidemment
du passage portant que, pour prévenir les contestations de la
part du donateur sur l'accomplissement des formalités re-
quises, le donataire aura trois témoins, pour déposer par
serment des faits accomplis en leur présence. — Cet acte
juridique des temps barbares diffère sans doute sous plusieurs
rapports de la donation de biens à venir, mais cette translation qui s'opère à travers des symboles contient en germe
l'institution contractuelle; le texte ne vise ni le testament,
puisque le gratifié y reçoit la qualification d'héritier, ni la
donation ordinaire, puisqu'il n'y a pas de dépouillement actuel du donateur. Qu'est-ce donc alors que cet acte mixte,
véritable contrat, puisque deux parties y concourent, sinon

(1) ADFRAMIRE, pro ADRAMIRE, formé de *ad* et de *ramus*, rameau, c'est-
à-dire désignation d'héritier *per ramum vel festucam in sinum pro-
jectam.*

un mode de disposition intermédiaire entre la donation et le testament ? Or, tel est précisément le caractère distinctif de la donation de biens à venir ; donc le raisonnement, comme le texte, autorise à voir dans ce document historique l'origine de l'institution contractuelle.

La loi des Francs Saliens nous a présenté deux éléments de ce contrat : *désignation d'un héritier* et *irrévocabilité*. La loi des Francs Ripuaires fournira le troisième : *l'écriture* (1). D'après elle, l'homme sans enfants peut disposer de sa fortune *per traditionem*, c'est-à-dire par les formalités de la festucation; ou *per scripturarum seriem*, c'est-à-dire par l'écriture. La tradition, c'est la voie déjà ouverte au Franc Salien par le litre *de adframire;* à ce mode de la loi salique, la loi ripuaire en ajoute un autre désigné par les mots de *scripturarum series*. Nous sommes ainsi en possession de trois éléments de l'institution contractuelle.

Eusèbe de Laurière (2) et Merlin (3) ont été égarés dans l'interprétation de ce texte par la fausse traduction qu'ils en ont faite. Trompés par l'apparence des mots, ils ont cru que le *adoptare in hæreditatem* signifiait prendre en adoption, de même que la *scripturarum series* aurait désigné le testament. Mais la première de ces expressions n'a jamais voulu dire autre chose, dans la langue du droit, que se choisir un héritier; elle est synonyme de celle-ci : *hæredem instituere.* Pour soutenir qu'elle désigne l'adoption, il faudrait supposer nécessairement que l'un des époux pût adopter l'autre; car le texte porte : *sive vir mulieri, vel mulier viro;* or, comment admettre un tel résultat ! Quant à la *scripturarum series*, elle n'a jamais indiqué le testament, mais l'acte destiné à prouver un contrat. La loi ripuaire, en permettant d'instituer un

(1) Tit. 48 de la loi ripuaire.
(2) *Inst. cont.*, ch. 1er, n° 13.
(3) Rép., v° *Instit. contract.*, § 1er.

héritier, offre au disposant deux moyens de réaliser sa libéralité : la tradition, *per traditionem*, ou l'écriture, *per scripturarum seriem*; l'un et l'autre devant produire les mêmes
effets, le second créait un lien aussi irrévocable que le premier ; or l'irrévocabilité est incompatible avec le testament.
La *scripturarum series*, que le savant Eccard a traduit par
charta, est l'*instrumentum* des Romains.

L'*écriture*, ce troisième élément de l'institution contractuelle, devait disparaître un instant, et l'innovation introduite
par la loi ripuaire être retardée par un retour pur et simple
à la loi salique. La résidence de Charlemagne à Aix-la-Cha-
pelle le mit en contact avec les vieux principes germaniques :
c'est par leur influence que s'explique le capitulaire de l'année 803, abolitif de la disposition *per scripturarum seriem*,
pour ne laisser subsister que l'investiture par tradition
d'après la loi salique. Mais que peut un capitulaire contre la
force de l'usage ? L'adage ambitieux de Charlemagne, *nulla
consuetudo superponatur legi*, devra s'effacer devant cet autre
plus modeste et plus vrai de saint Louis : *Coutume passe
droit*. Ce mode de disposition était entré trop profondément
dans les mœurs pour pouvoir disparaître !

C'est à la féodalité qu'est due la renaissance de l'institution
d'héritier par le contrat. Suivant le droit féodal, le vassal ne
pouvait marier ses héritiers présomptifs de l'un et l'autre
sexe, sans le consentement de son suzerain, à peine de *com-
mise* ou de confiscation du fief. Le suzerain avait même la
faculté de forcer une fille ou veuve détentrice d'un fief devant
service de chevalier, à *prendre baron*, c'est-à-dire à se marier, ce qui explique son intervention au contrat de mariage
de ses vassaux. Mais il ne se bornait pas à donner son consentement. Son intérêt lui commandait de s'assurer de la *desserte*
régulière du fief, et le meilleur moyen d'arriver à ce résultat
était d'en déterminer la transmission à l'avance et du vivant
du vassal : aussi ce règlement devint-il une clause habituelle

5

dans les contrats de mariage des nobles. On éluda ainsi le capitulaire de Charlemagne. Mais si, en fait, l'institution contractuelle fut usitée surtout dans la noblesse, il ne faut cependant pas croire que les nobles seuls aient eu, à cette époque, la faculté de régler ainsi la transmission de leurs biens. Cette opinion, émise autrefois par Montesquieu et les autres auteurs qui ne font pas remonter l'institution contractuelle au delà du moyen âge, a été enseignée, de nos jours, au moins pour l'institution faite par contrat de mariage. Mais n'est-ce point une erreur? Pourquoi interdire aux roturiers libres de s'instituer héritiers par toute autre espèce de contrat, de recourir à celui que sa nature rendait le plus propre à renfermer une telle disposition? le contrat de mariage est un acte d'association *sui generis;* or, dès les temps les plus reculés, cet acte a pu renfermer une institution contractuelle.

Si la féodalité multiplia l'emploi de cette disposition dans les contrats de mariage, ce ne fut point elle qui la cantonna dans cet acte, mais une influence étrangère, celle du droit romain. Par quelles gradations ce résultat s'est-il produit? A l'origine, l'institution contractuelle recevait l'hospitalité dans toute espèce de contrat. Au xiiie siècle, Pierre Desfontaines rapporte une convention réciproque de se succéder passée entre deux frères : « *Conuenanche ki tu dis ki fut faite entre deus freres, ke li quès ki morust auant, ses hyretages revenist à l'autre.* » Il en était de même au temps de Mazuer. Mais les romanistes ne cessaient de combattre une institution incompatible avec les principes de la législation romaine. Cette lutte durait depuis huit cents ans, lorsque furent rédigées les coutumes aux xve et xvie siècles. Leurs rédacteurs, imbus des principes coutumiers, eurent à compter avec leurs adversaires, et l'institution contractuelle ne fut maintenue qu'à l'aide d'une transaction, consistant à ne permettre l'institution que par contrat de mariage : elle fut ainsi exclue de tous les autres actes. Pour reconnaître à tous les principes leur part d'influence, il faut avouer que l'adage coutumier : *donner et retenir ne vaut*, prêta main-forte au droit romain pour limiter notre institution. Un argument de législation comparée prouve qu'on doit attribuer ce résultat, surtout au droit romain : en Allemagne, les coutumes ayant été rédigées dès le xiii* siècle, la lutte du droit romain contre le droit national fut moins longue qu'on France ; aussi l'institution contractuelle a-t-elle conservé dans ce pays son ancienne liberté ; elle trouve place dans tous les actes ; l'écriture même n'est pas indispensable.

Il ne suffisait pas aux rédacteurs des coutumes d'emprisonner l'institution contractuelle dans le contrat de mariage, il fallait encore un motif à son maintien. Ce motif fut la grande faveur que méritent les mariages. Etait-ce là une allégation mensongère, un prétexte pour faire passer une institution destinée seulement à favoriser les mariages des nobles ; à assurer la *desserte* exacte des fiefs ? Pour nous, nous aimons mieux voir dans la faveur générale du mariage la cause vraie du maintien de cette disposition. La preuve en est soit dans la limitation des effets de l'institution aux époux et aux enfants à naître du mariage, soit dans son annulation quand elle n'est pas contenue dans l'acte de mariage lui-même.

Grâce à toutes les concessions faites à l'esprit romain, l'institution contractuelle put prendre place dans presque toutes les coutumes de France, notamment dans celles de Bourbonnais, d'Auvergne, de la Marche, du Maine, de Touraine, de Nivernais, d'Anjou, de la Normandie et d'Orléans. Une seule fit exception, celle de Berry ; mais son rédacteur, le président Lizet, était un ultra-romaniste. Des pays de coutumes, elle se répandit ensuite avec rapidité dans ceux de droit écrit, de sorte qu'elle devint, comme dit Coquille, « une » *coutume générale non escriple.* » Elle prit place dans les ordonnances d'Orléans (1) et de Moulins (2), de Charles IX, et

(1) Art. 59.
(2) Art. 57.

dans celles de Louis XV sur les donations et les substitutions (1).

Cette institution, restée si longtemps le soutien de la féodalité, dut subir l'inflexible niveau de la révolution. Comme tout ce qui rappelait le souvenir de l'ancien régime, elle fut abrogée par les lois des 7 mars 1793 et 17 nivôse an II.

Cette abrogation ne fut pas de longue durée; l'institution contractuelle a été rétablie par les rédacteurs du Code sous la dénomination nouvelle de *donation de tout ou partie des biens qu'on laissera à son décès*. Cette libéralité ne diffère guère de l'ancienne institution contractuelle. Pourquoi donc ce changement de dénomination ? Deux motifs l'expliquent. Pour respecter les susceptibilités de leur époque, les rédacteurs du Code Napoléon se sont gardés de reproduire une expression de féodale mémoire : craignant d'être accusés d'une tendance rétrograde vers le passé, ils ont banni ce mot, comme ils avaient déjà proscrit ceux de *servitude personnelle* et de *substitution*. Ajoutons que, pour simplifier, l'article 893 n'avait reconnu que deux manières de disposer de sa fortune à titre gratuit : la donation et le testament ; or, pour faire rentrer dans ce cadre tous les genres de libéralités, le législateur a dû abandonner une dénomination contraire au plan qu'il s'était tracé. Telle qu'elle est réglementée aujourd'hui, l'institution contractuelle peut être définie : un don irrévocable de tout ou partie d'une succession, fait par contrat de mariage en faveur des futurs conjoints ou de l'un d'eux, et des enfants à naître de leur union.

(1) Ord. de 1731, art. 13, et ord. de 1747, art. 12 du tit. 1ᵉʳ.

SECTION II.

NATURE DE LA DONATION DE BIENS A VENIR.

Cette expression *institution contractuelle* semble renfermer des idées contradictoires et un mélange de testament et de contrat; aussi faut-il rechercher la nature de ce mode de disposition.

Les anciens auteurs étaient loin d'être d'accord sur ce point. Parmi eux, les uns, tels que Ricard (1), Coquille (2), de Laurière (3), frappés de cette réflexion que, dans l'institution contractuelle, l'instituant se préférait à l'institué, tout en plaçant celui-ci dans l'ordre de ses affections avant les héritiers du sang, n'y voyaient qu'une donation à cause de mort, parce qu'elle en présentait le caractère essentiel. A ce trait principal s'ajoutaient d'autres ressemblances : ainsi l'une et l'autre disposition, n'ayant d'effet qu'à la mort du donateur, n'empêchaient point celui-ci d'aliéner, étaient révoquées par le prédécès du donataire et se formaient par contrat. Cette opinion ne saurait être défendue aujourd'hui que par ceux qui ne trouvent pas dans le Code l'abolition de la donation à cause de mort. Mais comment croire, en présence de l'art. 893 ne consacrant que deux manières d'aliéner à titre gratuit, le testament et la donation entre-vifs, que le législateur se serait donné un démenti à lui-même en ressuscitant dans l'art. 1082 un troisième mode de disposition? Du reste, admît-on même l'existence actuelle de la donation à cause de mort, ce ne serait pas une raison pour que la donation de biens à venir participât de sa nature. Ces deux modes

(1) Don. p. 1, n° 1074.
(2) Sur Nivernais, tit. 27, art. 12.
(3) Inst. cont., ch. II, n° 21.

diffèrent profondément l'un de l'autre : l'institution contractuelle est empreinte d'un caractère d'irrévocabilité, tandis
que la donation à cause de mort est révocable au gré du
donateur, *ex mero arbitrio* ; la première crée un droit certain, la seconde ne confère au bénéficiaire qu'une espérance ;
la caducité de l'une est subordonnée au double prédécès de
l'institué et de sa postérité, la caducité de l'autre résulte du
seul fait de la mort du donataire ; les futurs époux et leurs
enfants sont seuls aptes à bénéficier de l'institution contractuelle ; la donation à cause de mort, au contraire, est valablement faite à toute personne indistinctement.

Pour d'autres jurisconsultes, l'institution contractuelle
était un testament irrévocable. L'ajournement de l'époque de
la jouissance à la mort du disposant, comme dans le legs, et
l'obligation aux dettes de l'institué, à l'exemple des légataires
de quotité, avaient motivé cette assimilation. Ce système, suivi
par Danty, ne saurait être accueilli plus favorablement que
l'autre ; car si l'institution contractuelle et l'institution testamentaire offrent quelques points de contact, elles diffèrent sous
plus d'un rapport : l'institution contractuelle n'emprunte pas
les formes du testament, mais celles de la donation entre-vifs ;
comme elle ne peut être souscrite qu'au profit de futurs
époux et des enfants à naître du mariage, toute personne
capable de recevoir un legs ne peut pas être instituée contractuellement. La donation de biens à venir crée un droit
certain, actuel, irrévocable ; le testament ne confère qu'une
simple espérance. De ces deux libéralités, la première constitue un véritable contrat ; la seconde est l'expression
d'une volonté unique. L'une prive dans une certaine mesure le donateur de l'exercice de ses droits de propriétaire,
il n'a plus l'empire absolu du maître sur sa chose ; l'autre,
au contraire, laisse toujours au testateur la liberté la plus absolue de disposer à son gré des biens légués. Enfin la mort de
l'instituant, au lieu de créer un droit, ne fait que consolider

un droit préexistant et lui donner ouverture ; mais c'est le décès seul du testateur qui fait naître le droit du légataire.

Pothier (1) et Lebrun (2), déterminés par le caractère essentiel de l'institution contractuelle, l'irrévocabilité, rattachaient ce mode de disposition à la donation entre-vifs. Elle fait toujours partie, disaient-ils, des conditions d'un contrat de mariage, qui est un acte *inter vivos*.

Enfin Domat (3), Bourjon (4), Furgole (5), professaient une opinion intermédiaire. L'institution contractuelle leur apparaissait comme une disposition mixte, participant à la fois de la nature du testament et de celle de la donation entre-vifs. Bourjon disait : *C'est une sorte de donation entre-vifs du titre et de la qualité d'héritier ;* c'est un *don irrévocable de succession*, écrivait de Laurière, en traduisant en quelque sorte la définition donnée par Cujas de l'institution d'héritier : *datio successionis.*

La donation de biens à venir constitue encore, comme le faisait l'institution contractuelle, un mode de disposition mixte, se rapprochant de la donation entre-vifs par l'irrévocabilité, et du testament par la désignation d'un héritier. Cependant, à cause de son caractère dominant et de ses formes, il faut la considérer comme une sorte de donation entre-vifs ayant ses règles spéciales, mais réglé, en l'absence de textes exceptionnels, par les principes généraux de la donation, et non par ceux du testament. Elle constitue un véritable contrat intervenu entre le donateur et le donataire ; dès qu'il est formé, l'institué a un droit acquis ; droit périssable sans doute, et sujet à caducité, mais certain et irrévocable : celui de se porter héritier du disposant. L'ouverture

---

(1) Cout. d'Orléans, int. au tit. XVII, § 2.
(2) Succ., liv. III, ch. 2, nos 6, 7.
(3) Préf. du Traité des succ., § 10.
(4) Liv. V, tit. III, ch. 1er.
(5) Sous l'art. 13 de l'ord. de 1731.

seule du droit reste en suspens. *Dispositio statim ligat nec suspenditur, sed executio habet tractum ad mortem* (Dumoulin). On peut comparer avec exactitude le droit de l'institué à celui de l'héritier légitime réservataire. Les droits conférés par la loi à l'un et à l'autre sont de même nature : tous les deux n'ont point la faculté de disposer des biens qu'ils recueilleront un jour. Le droit de l'institué ne s'exerce, sous la condition de sa survie, qu'au décès du disposant, comme celui du légitimaire à la mort des parents auxquels il est appelé à succéder par la loi ; l'un et l'autre doivent respecter les aliénations à titre onéreux consenties par le *de cujus* ; mais si celui-ci a porté atteinte à leurs droits par des donations ou des legs, ils peuvent exercer, suivant les cas, l'action en nullité ou en réduction.

L'héritier contractuel est donc plus favorisé par la loi que l'héritier *ab intestat* ordinaire. Celui-ci, en effet, n'a qu'une simple expectative, une espérance ; celui-là, un droit acquis. Un homme est libre de priver de ses biens des héritiers non réservataires par des libéralités qui, presque toujours, vis-à-vis d'un institué contractuellement constitueraient des actes frauduleux.

CHAPITRE II.

DES FORMES DE LA DONATION DE BIENS A VENIR, DES CLAUSES QUI LA CONTIENNENT, ET DES BIENS QU'ELLE PEUT AVOIR POUR OBJET.

SECTION PREMIÈRE.

DES FORMES DE LA DONATION DE BIENS A VENIR.

L'ancienne jurisprudence admettait la validité d'une institution contractuelle contenue dans un contrat d'association

universelle. Cette latitude n'existe plus. (Art. 836 et 837 C. N.)
La donation de biens à venir ne prendra place que dans un
contrat de mariage. C'est seulement à la faveur exceptionnelle dont est entourée cette charte du foyer domestique qu'est
attaché le privilège de contenir ces libéralités. Les pactes
successoires étant prohibés (art. 791, 1130 et 1600 C. N.),
l'exception apportée à ce principe doit être interprétée limi-
tativement ; or, l'article 1082, dans lequel elle est contenue,
ne parle que du contrat de mariage. Cet acte devra être passé
devant notaires, avec minute, dans la forme ordinaire des
actes authentiques. Sans doute des parents ou des étrangers
ont la faculté de gratifier de toute autre manière les futurs
époux ; mais alors ils sont obligés de recourir aux formes de
la donation ordinaire ou du testament ; car toute donation de
biens à venir contenue dans un acte autre que le contrat de
mariage serait frappée de nullité. « *Clausulæ positæ extra
hunc contractum manent sub regula communi.* » (Dumoulin.)

Puisque la donation de biens à venir doit être cantonnée
dans le contrat de mariage, les clauses successoires doivent
être antérieures au mariage (arg. de 1394) ; faites après sa
célébration, elles seraient frappées de nullité. Il faut encore
suivre, de nos jours, la règle écrite dans l'article 202 de la
coutume de Paris, d'après laquelle les mariages n'étaient
susceptibles de toute espèce de clauses qu'à la condition d'être
faites avant la *foi baillée* et la *bénédiction nuptiale.*

Les contre-lettres, rédigées conformément aux art. 1396 et
1397, en présence et du consentement simultané des parties
présentes au contrat, sont assimilées au contrat lui-même ;
elles s'incorporent avec lui ; elles en font partie intégrante.
Dès lors, pourquoi ne contiendraient-elles pas des donations
de biens à venir ? Vainement objecterait-on que cette libéralité, permise pour encourager les mariages, n'a plus, dans
l'espèce, de raison d'être, puisque le but du législateur
a été atteint sans elle. Répondons qu'avant cette libéralité, il

y avait seulement un projet de mariage qui, peut-être, n'aurait pas abouti sans elle. Mais cette solution ne doit pas être étendue aux actes isolés ne se rattachant au mariage que par leurs motifs : ils sont régis par le droit commun. Il n'y a de valables, comme le disait Auroux des Pommiers, que les clauses *faites, apposées, ajoutées* au contrat de mariage avant ou pendant les fiançailles.

Le législateur, en restreignant au contrat de mariage les actes susceptibles de renfermer des donations de biens à venir, n'a point limité le nombre des instituants. A la différence du testament, plusieurs personnes ont la faculté d'instituer contractuellement par un seul acte les mêmes époux.

Contenue dans le contrat de mariage, dont elle fait partie intégrante à titre d'annexe, la donation de biens à venir est soumise aux mêmes formes que lui ; il ne faut donc pas appliquer à cette libéralité l'article 2 de la loi du 21 juin 1843, qui, pour les donations ordinaires, exige la présence réelle du notaire en second ou des témoins, à la lecture de l'acte faite par le notaire et à la signature des parties. En outre, la faveur exceptionnelle dont jouit cette libéralité a fait proscrire le formalisme étroit de l'art. 932, d'après lequel la donation entre-vifs doit être acceptée *en termes exprès*. L'article 1087 s'en exprime d'une manière formelle. Toutefois ce n'est pas de l'acceptation elle-même, sans laquelle le contrat ne saurait se former, que les époux sont dispensés dans les donations par contrat de mariage, c'est seulement de la *solennité* de l'acceptation. Elle pourra être tacite et s'induire soit de la signature du contrat par le donataire, soit de sa déclaration qu'il ne sait signer.

Si une acceptation tacite suffit pour la validité d'une institution contractuelle, à plus forte raison doit-on admettre que les époux sont libres de se faire représenter à la rédaction de leur contrat par des mandataires. L'acceptation émanée de ceux-ci aura le même effet que celle donnée par les parties elles-mêmes. Mais, pour cela, le mandat d'accepter une institution contractuelle, comme celui d'en souscrire une, doit être revêtu de la forme authentique, comme l'acte de donation lui-même. avec lequel il fait un tout indivisible.

Faut-il à la rédaction notariée du contrat ajouter la formalité de la transcription? Sous l'empire de l'ordonnance de 1731, des opinions diverses avaient été émises relativement à l'insinuation. Aujourd'hui il semble impossible d'exiger la transcription. Comment, en effet, forcer à transcrire un acte n'opérant pas le dessaisissement du donateur? Celui-ci reste maître d'aliéner, d'hypothéquer les biens donnés; dès lors aucun conflit ne peut s'élever entre le donataire d'une part, et les créanciers hypothécaires et tiers acquéreurs d'autre part, qui tiennent leurs droits du disposant. L'institué ne doit élever aucune plainte au sujet des aliénations à titre onéreux consenties par celui-ci. Puis où se ferait la transcription? Les biens que l'institué recueillera ne sont peut-être pas en la possession de l'instituant au jour de la donation. Faite en vue de la mort du disposant, l'institution a pour but de transmettre la propriété après son décès; or les titres successifs ne sont pas soumis à la formalité de la transcription.

Si l'institution contractuelle n'a pas besoin d'être transcrite, du moins doit-elle être enregistrée; mais, comme elle n'est qu'une donation éventuelle, qu'elle peut être frappée de caducité et ne pas sortir à effet, l'acte n'est soumis, lors de l'enregistrement, qu'à un droit fixe de 5 fr. (L. du 28 av. 1816, art. 45.) Quant au droit de mutation, il ne sera pas immédiatement exigible. Comme les biens ne changent de main qu'au décès du donateur, et qu'alors seulement le droit du donataire de périssable devient certain, ce ne sera qu'à cette époque que la régie pourra exiger le droit. Mais quel en sera le taux? Appliquera-t-on le tarif des donations entre-vifs par contrat de mariage, ou celui des mutations par décès? La jurisprudence se prononce dans ce dernier sens. En effet, la mort du donateur est l'événement auquel est subordonnée la transmission définitive de la propriété. Cette solution était la seule pratique ; comment connaître, avant le décès du donateur, les biens dont l'institué sera un jour investi ? Ce principe entraîne comme conséquence l'obligation pour le donataire institué de faire sa déclaration dans les six mois du décès , à peine du demi-droit en sus, sans pouvoir alléguer, pour sa justification, qu'au moment de l'enregistrement la régie a perçu ses droits.

SECTION II.

DES PRINCIPALES CLAUSES QUI PEUVENT CONTENIR UNE DONATION DE BIENS A VENIR.

L'institution contractuelle n'exige pas l'emploi d'expressions sacramentelles. Le Code, bannissant partout l'usage des formules, n'a pas voulu assujettir l'esprit à la lettre. Une interprétation large a succédé à un formalisme étroit et mesquin. On applique aujourd'hui dans toute sa vérité ce principe du droit romain : *In conventionibus contrahentium voluntatem potius quam verba spectari placuit* (210, D. *de verb. sig.*) Il suffira donc, pour lire dans une clause une donation de biens à venir, que la pensée du disposant soit exprimée en termes clairs et précis. Comme le disait Chabrol, « la forme de l'institution contractuelle consiste à l'exprimer en des termes intelligibles (1) ». Mais comme cette donation est une disposition exceptionnelle, si l'acte présente quelque obscurité, le doute devra s'interpréter contre le stipulant, c'est-à-dire contre le donataire (art. 1162). Telle est la conséquence du

(1) T. II, p. 323.

principe que l'institution contractuelle constitue une donation entre-vifs.

Puisque la donation de biens à venir échappe à l'emploi des formules sacramentelles, elle résultera de toutes les clauses ayant pour but d'assurer au donataire une part héréditaire dans la succession du disposant. Ainsi un père pourra soit *réserver son fils à succession,* soit *lui promettre égalité,* ou bien *renoncer à avantager ses frères et sœurs à son préjudice.* Ces expressions révèlent la même pensée.

De toutes les formules, la plus fréquente est celle par laquelle le père de famille, en mariant un de ses enfants, lui promet l'égalité. Cette clause, connue sous le nom de *promesse d'égalité,* remonte à notre vieille jurisprudence. Les coutumes, comme chacun le sait, se divisaient en coutumes de préciput et coutumes d'égalité. Dans les provinces où régnaient les premières, on appliquait ce principe de Pline le Jeune : *Nihil ipsa æqualitate inæqualius.* Les secondes mettaient en pratique cette pensée de Cassiodore : *Quid magis iniquum est, quam ut de una substantia quibus competit successio, alii abundanter affluant, alii paupertatis in commodis ingemiscant.* La promesse d'égalité, inutile dans les pays régis par ces dernières coutumes, servit dans les autres à corriger ce que l'habitude de libéralités préciputaires avait d'injuste. Distincte, à son origine, de l'institution contractuelle, elle se confondit ensuite avec elle. « C'est une espèce d'institution contractuelle, dit Boucheul, que la déclaration dans les contrats de mariage que les enfants succéderont également, et de ne pouvoir avantager ses héritiers les uns au préjudice des autres(1). » Aujourd'hui cette clause renferme une donation de biens à venir ; quels sont ses effets ?

Pour répondre à cette question, il faut envisager la promesse d'égalité sous deux aspects différents ; car l'obligation

(1) *Des conv. de succ.*, chap. V, n° 1.

du constituant n'est pas la même vis-à-vis de ses autres enfants qu'à l'encontre des étrangers. Sous le premier rapport,
la clause vaut au profit du futur époux comme institution
contractuelle d'une part héréditaire dans la quotité disponible ; le père de famille, en la consentant, s'interdit d'avantager ses autres enfants au détriment de celui qu'il marie ; il
se met lui-même en garde contre l'entraînement d'une affection contraire au vœu de la nature et de la loi, sans renoncer
à la faculté de donner une partie de ses biens au préjudice
de ceux d'entre ses enfants envers lesquels il ne s'est lié par
aucune promesse. Le donateur renonce à son droit de disposer de la quotité disponible au préjudice du gratifié. Mais
la réciproque n'est pas vraie ; il reste donc maître de rompre
cette égalité au profit de l'enfant qui en a reçu la promesse ,
et de l'avantager de sa quotité disponible. Les principes du
droit ne permettent pas de retourner contre l'institué une
clause introduite en sa faveur.

Sous le second rapport, reconnaissons que le disposant n'a
pas abdiqué la faculté de donner son disponible à un étranger. Un célèbre jurisconsulte contemporain a dit, il est
vrai : «Le père de famille qui, en promettant l'égalité, s'oblige
à ne pas faire de disposition au profit de ses autres enfants,
promet à plus forte raison de ne pas en faire à un étranger. »
Rien ne justifie cette déduction ; le père de famille qui promet l'égalité n'entend pas se lier d'une manière absolue, et
se réduire à l'impuissance de récompenser les services ou le
dévoûment d'un étranger : sa libéralité n'emporte pas une
abdication complète de cette magistrature domestique qui lui
permet de disposer d'une partie de sa fortune.

La promesse d'égalité n'est pas non plus, de la part de
celui qui la fait, une renonciation au droit de partager ses
biens entre ses enfants; seulement il doit se conformer à cette
égalité qu'il s'est imposée à lui-même. Si donc l'enfant institué héritier par son contrat de mariage, sans éprouver une

lésion de plus du quart, recevait un lot inférieur à celui de
ses copartageants, le partage donnerait lieu à des rectifica-
tions.

Le disposant ajoute quelquefois à la promesse de ne pas
avantager ses autres enfants au préjudice de l'institué, qu'en
cas d'infraction à la règle de l'égalité, il fait dès à présent
pareil et semblable avantage au futur époux. Cette clause,
connue sous le nom de *promesse d'également*, est, à pro-
prement parler, une donation conditionnelle (1), dont le donataire peut s'assurer l'exécution par une garantie hypothé-
caire. Elle contient deux dispositions : la première, véritable
promesse d'égalité, doit s'exercer sur la succession du disposant ; la seconde, c'est-à-dire la promesse d'également,
regarde les biens présents. Dans le dernier cas, si le disposant
enfreint la défense qu'il s'est imposée, le donataire a le droit
d'exiger de lui immédiatement l'exécution de sa promesse.
S'il attend la mort du donateur pour réclamer *son également*,
il ne pourra pas demander une valeur représentative des intérêts et revenus produits par les choses données aux autres
enfants avantagés. Le motif de cette décision, je l'emprunte
par analogie aux articles 852 et 856 C. N. L'enfant obligé au
rapport n'est pas tenu de remettre dans la masse héréditaire
les fruits ou intérêts des biens rapportés : ils n'ont pas enrichi
le donataire, qui est censé les avoir dépensés, *tantius vivendo*.
De même ici, la perception des fruits ou intérêts n'a pas été,
pour celui qui, en violation de la promesse d'égalité, a reçu
une donation d'une valeur supérieure à celle de son frère, une
cause d'augmentation de fortune. N'est-ce pas le cas d'appliquer l'adage que les parents se doivent des ménagements
réciproques : *Inter conjunctas personas res non sunt amare
tractandæ ?* La pensée d'instituer un époux par contrat de
mariage résultera encore de cette locution : le donataire suc-

(1) Boucheul, *Conv. de suce.*, ch. V, n° 39.

cédera avec ses autres frères et sœurs, *et semblablement.* Ces mots rénferment une pensée d'égalité que le Code voit avec faveur; mais le disposant n'est pas censé promettre l'égalité, quand il fait à l'enfant qu'il marie une donation *par préciput et hors part.* Si cette clause dispense le donataire du rapport des biens donnés à la succession du donateur, elle ne suppose pas une institution contractuelle. Pourquoi enlever au père qui, par la suite, a peut-être à se plaindre de l'ingratitude de son fils, le droit de le réduire à sa réserve ?

Il n'y a donc d'institution contractuelle que si la pensée de se choisir un héritier ressort clairement des termes que le disposant a employés ; aussi s'est-on demandé si cette intention résultait de la promesse d'instituer, si, en d'autres termes, la promesse d'institution valait institution. Notre opinion est pour l'affirmative. Dans le doute, il faut interpréter un acte de manière à lui faire produire effet. De même que, dans la promesse de vente, se retrouvent tous les éléments essentiels de ce contrat : une chose vendue, un prix, le consentement; de même la promesse d'institution renferme tous les éléments de l'institution elle-même : la chose donnée, un donateur, un époux donataire, et la solennité du contrat de mariage.

La solution affirmative de la question précédente emporte celle de savoir si la promesse d'égalité est valable. Cette dernière clause, étant une espèce de donation de biens à venir, doit être régie par les mêmes règles que cette donation elle-même.

Mentionnons encore certaines clauses usitées sous l'ancienne jurisprudence, tels que les *rappels,* les *reconnaissances d'héritier* et la *déclaration d'aîné* ou *principal héritier.* Certaines coutumes excluaient les filles de la succession ; celle de Normandie, par exemple, ne donnait à la fiancée qu'un *chapel de roses.* Pour corriger la rigueur de ces coutumes, l'usage s'introduisit de *rappeler* la future épouse à la succession, ou, suivant une autre locution, de la réserver à l'hérédité dont elle était exclue. Souvent aussi, dans un contrat de mariage, un étranger ou un parent *reconnaissait* les futurs époux ou l'un d'eux pour *ses héritiers*. Cette reconnaissance, comme le rappel, équivalait à une institution contractuelle.

Une clause plus répandue se lisait dans une foule de contrats de mariage entre nobles ; elle consistait à déclarer un de ses enfants *aîné et principal héritier*. Quelle était la nature de cette déclaration? Certains auteurs, tels que Lamoignon (1), la considéraient comme une donation entre-vifs opérant dessaisissement immédiat du donateur. D'autres, parmi lesquels on peut citer Chopin (2), n'y voyaient qu'une *démonstration du doigt*. D'après eux, le père se bornait à montrer l'héritier principal appelé par la nature et la loi à sa succession : *demonstrat digito hæredem futurum ex sanguinis jure et lege*. Suivant une troisième opinion, enseignée par de Laurière (3), la déclaration d'aîné ou principal héritier n'était qu'une institution contractuelle régie par des règles plus sévères et embrassant seulement les biens présents du donateur; elle enlevait au père la libre disposition de ses biens présents, « sauf pour l'extrême nécessité de vivre et la rédemption de son corps; » mais elle ne s'appliquait pas à ceux des biens acquis dans la suite par le disposant. Sous l'empire du Code, la déclaration d'héritier par un père ou une mère équivaudrait à une donation de part héréditaire. Souscrite par tout autre donateur, elle pourrait embrasser sa quotité disponible. Quant aux expressions *rappeler à succession*, *réserver à l'hérédité*, elles offrent un sens précisé par notre vieux droit ; aussi rien n'empêche le disposant de les employer pour faire une donation de biens à venir.

(1) V° Inst. cont., p. 309.
(2) Sur Anjou, liv. II, p. III, tit. III, n°° 19 et 20.
(3) Inst. cont., ch. 3, n° 3.

SECTION III.

L'ordonnance de 1731 offrait à celui qui voulait se montrer généreux, sans se dépouiller de son vivant, le choix entre deux modes de disposition : l'institution contractuelle et la donation à cause de mort (art. 3 et 13 de l'ord.). Voulait-il assurer au donataire l'universalité ou une quote de sa succession ? il recourait aux formes de l'institution contractuelle. N'entendait-il, au contraire, le gratifier que d'un objet ou d'une somme fixe à prendre dans sa succession ? il employait la donation à cause de mort. Le Code ayant proscrit ce dernier genre de libéralité, il eût été impossible de donner à titre particulier des biens à venir par un contrat de mariage, si le législateur n'avait substitué à la formule restrictive d'institution contractuelle la dénomination plus large de *donation de tout ou partie des biens qu'on laissera à son décès.* Ce changement permet aujourd'hui de disposer de cette manière soit universellement, soit à titre universel ou particulier. Si donc un parent ou un étranger donne à un futur époux sa maison *en tant seulement qu'elle se trouvera plus tard dans sa succession,* ou une somme d'argent déterminée à prendre sur les biens qu'il laissera à son décès, cette libéralité aura son effet, comme celle qui embrasserait la totalité ou une partie de l'hérédité.

Des auteurs ont pourtant soutenu, en s'appuyant sur le mot *partie* de l'article 1082, que la donation de biens à venir devait nécessairement comprendre une fraction de la succession. Dans ce système, la donation de tels ou tels objets à prendre dans la succession du donateur constituerait une donation entre-vifs avec réserve d'usufruit, régie par l'article 1081. Cette opinion repose sur une confusion entre la donation avec terme, mais opérant un dessaisissement actuel, et celle qui a trait à la mort sans investir le donataire d'aucuns biens effectifs et présents. L'expression *partie*, opposée au mot *tout* de l'article 1082, n'a, ni dans le langage du monde, ni dans celui du droit, le sens restreint que certains jurisconsultes lui attribuent. Il signifie aussi bien un objet déterminé, sans corrélation avec l'unité, qu'une partie aliquote. (Arg. des art. 895 et 1048.)

CHAPITRE III.

DE LA CAPACITÉ REQUISE POUR DISPOSER ET POUR RECEVOIR PAR DONATION DE BIENS À VENIR.

Ce chapitre se divisera en deux sections. La première déterminera la capacité nécessaire pour faire une donation de biens à venir; la seconde indiquera les personnes à qui peut s'adresser cette libéralité.

SECTION PREMIÈRE.

QUI PEUT FAIRE UNE DONATION DE BIENS A VENIR.

Ces libéralités sont régies par le principe formulé dans l'art. 902 pour les donations entre-vifs. Toutes personnes, sauf celles déclarées incapables par la loi, peuvent disposer de leurs biens par institution contractuelle. Peu importe que le donateur soit étranger au donataire, ou qu'il lui soit uni par des liens de parenté. La capacité est la règle, et l'incapacité l'exception.

Les incapacités sont de deux sortes : les unes absolues, les autres relatives. Les premières empêchent de disposer au profit de qui que ce soit; les autres font seulement obstacle aux libéralités adressées à certaines personnes. Quelles sont d'abord les incapacités de la première catégorie?

La plus importante résulte de l'état d'insanité d'esprit du disposant : pour faire une donation, il faut être sain d'esprit (art. 901). Comment un homme privé de la plénitude de sa volonté pourrait-il dépouiller des parents que la nature appelle à recueillir sa succession? La substitution d'héritiers de son choix à ceux désignés par la loi suppose, chez celui qui la fait, la jouissance de ses facultés intellectuelles. Aussi le législateur, plus sévère pour les donations que pour les actes à titre onéreux, a-t-il dérogé par l'article 901 à l'article 504. Revenant, en matière de donation, aux règles du droit commun, dont il s'était écarté dans le titre de l'interdiction, il n'exige plus de l'héritier qui attaque un acte à titre gratuit la preuve que l'interdiction a été prononcée, ou au moins provoquée du vivant du donateur. Il n'est pas non plus nécessaire que la démence résulte de l'acte lui-même. Il suffit aux héritiers du donateur, pour faire tomber une libéralité, d'établir par les moyens ordinaires qu'au moment de la disposition, leur auteur n'avait pas la plénitude de ses facultés intellectuelles. Cette dérogation à l'article 504 se justifie d'elle-même : le dérèglement mental d'un parent, sans être assez prononcé pour motiver une interdiction, doit suffire pour faire annuler une libéralité. Souvent encore les familles, bercées de l'espoir d'une prochaine guérison, répugnent à livrer à la publicité le désordre des facultés mentales d'un de leurs membres. Si la loi exige, pour motiver une interdiction, un état habituel d'imbécillité, de démence ou de fureur, ce n'est pas un motif pour valider une donation consentie par une personne dont l'intelligence s'est momentanément éclipsée.

Des causes accidentelles peuvent aussi enlever l'usage de la raison : telles sont l'ivresse et la colère.

La première de ces passions assimile l'homme à la brute, et trouble ses facultés au point de produire souvent l'insanité d'esprit. L'héritier du donateur sera admis à prouver le désordre intellectuel dans lequel se trouvait son auteur au moment du contrat, et devant cette démonstration, si elle est faite, tombera la présomption de validité de l'acte.

Quoique différente de l'ivresse dans ses causes, la colère, poussée à son paroxysme, conduit au même résultat. Le Code n'a pas maintenu, il est vrai, l'action *ab irato*, ressource à l'usage de tout héritier mécontent pour attaquer les donations inspirées par une passion violente ; mais si l'auteur de la disposition a été entièrement dominé par une passion aveugle et injuste, assez violente pour produire en lui l'insanité d'esprit, ses héritiers critiqueront avec succès la disposition qui les aura dépouillés.

La captation et la suggestion ne sont pas non plus en elles-mêmes des causes de nullité des donations. Gagner la bienveillance de quelqu'un, même dans son intérêt, lui suggérer des idées qu'il s'approprie, ces actes sont réprouvés par la conscience de l'honnête homme ; mais la loi positive ne les atteint pas, à moins que la suggestion et la captation n'aient été accompagnées de manœuvres frauduleuses de nature à produire l'erreur dans l'esprit du disposant.

Après avoir établi le droit de critiquer une donation de biens à venir sans avoir sollicité l'interdiction du disposant, il faut examiner les effets d'une poursuite en interdiction, suivant qu'elle a été rejetée ou admise.

Dans la première hypothèse, l'héritier conserve le droit, malgré le rejet de la demande, d'attaquer la donation de biens à venir. Si la justice a constaté qu'à une certaine époque le défunt n'était pas dans un état habituel de démence, d'imbécillité ou de fureur, ce n'est pas une raison pour qu'à un moment précis, celui de la donation, les facultés de cette personne n'aient pas été dérangées.

Mais si la demande en interdiction a été admise, quel sera le sort de la donation consentie par l'interdit ? Distinguons entre les libéralités antérieures à l'interdiction et celles qui l'ont suivie. Les premières pourront être maintenues, suivant les circonstances ; quant aux autres, la question divise les auteurs. Nous adoptons l'opinion qui professe leur nullité. L'interdit est assimilé au mineur pour sa personne et pour ses biens (art. 509) ; or, si la loi refuse au mineur le droit de disposer de sa fortune à titre gratuit (art. 903), comment l'interdit pourrait-il, même dans ses intervalles lucides, donner ses biens par institution contractuelle, lui à qui est retiré le pouvoir de passer des actes à titre onéreux ? Il serait forcé de recourir à l'intermédiaire de son tuteur pour acheter, vendre, hypothéquer, passer un bail, ou même faire une modique réparation, et il serait libre de disposer de sa fortune à titre gratuit ! Le législateur aurait-il été inconséquent à ce point ? Si l'interdit a, en fait, des intervalles lucides, en droit il ne peut en avoir. Cette présomption a été établie pour prévenir des difficultés sur le point de savoir si un acte a été ou non souscrit pendant un intervalle lucide ; la méconnaître, ce serait détruire une des plus sages dispositions du Code.

Le mineur n'est pas, comme l'interdit, dans un état permanent d'insanité d'esprit, mais il manque de la maturité de jugement nécessaire pour faire une donation de biens à venir par contrat de mariage. Aussi la loi les met-elle l'un et l'autre sur la même ligne. Sauf les exceptions des articles 1095 et 1398, le mineur est incapable de disposer de ses biens à titre gratuit même par institution contractuelle ; car, si cette libéralité ne dépouille pas de suite le donateur, elle amoindrit son droit de propriété, par les entraves qu'elle apporte à la libre disposition des biens donnés. Toutes ces conséquences ne sauraient être appréciées par celui à qui manque l'*animi judicium*.

Le droit romain ne faisait aucune différence entre le prodigue et l'interdit. (L. 1, D. *de cur. fur.*) Horace nous dit (1) :

Prodigus ac stultus donat quæ spernit et odit.

Le Code , sans confondre deux situations bien distinctes, a mis le prodigue en garde contre ses habitudes de profusion, en le déclarant incapable d'aliéner sans l'assistance d'un conseil judiciaire (art. 513). Cette défense s'applique surtout aux aliénations à titre gratuit, sans distinction soit des actes qui les contiendraient, soit des personnes appelées à en profiter.

A l'exemple du prodigue, le faible d'esprit reçoit un conseil judiciaire; il lui est également défendu d'aliéner (art. 499); or, aliéner c'est *rem suam alienam facere*, c'est faire passer sa chose entre des mains étrangères, soit à titre gratuit, soit à titre onéreux. La donation de biens à venir excède donc les bornes de la capacité de l'individu faible d'esprit.

Une incapacité plus complète a frappé longtemps le sourd-muet. La législation romaine le comparait au mort civil : *mortuo similis est*, dit la loi 29 , Cod. *de test*. Moins énergique dans sa formule, Pothier (2) déclare le sourd-muet qui ne sait ni lire ni écrire incapable de donner des signes certains de sa volonté.

Depuis cette époque , que de progrès dans l'institution du sourd-muet ! Les de l'Épée, les Sicard , inspirés par la charité chrétienne , ont inventé ces méthodes ingénieuses qui remplacent la langue écrite et parlée par le langage des signes et des gestes. Rendus à la société, ces êtres disgraciés de la nature peuvent aujourd'hui exercer les actes de la vie civile. Leur infirmité naturelle ne fait plus obstacle à ce qu'ils consentent une donation. Il suffira que le sourd-muet soit en

(1) Lib. 1, ep. vii, v. 20.
(2) Des don., sect. 1, art. 1er.

état de manifester sa volonté et de se mettre en communica-
tion avec le notaire et les témoins.

Les incapacités énoncées jusqu'ici sont naturelles : la loi
ne les crée pas, elle se borne à les reconnaître. Il en est
d'autres purement civiles, c'est-à-dire qui ne doivent leur
existence qu'à la volonté du législateur : telle est l'incapacité de la femme mariée. Certes, la femme mariée a toute
l'intelligence nécessaire pour comprendre la portée d'une
donation : mais, par respect pour l'autorité maritale, la loi
lui défend, sans distinction du régime matrimonial par elle
adopté, de faire une donation entre-vifs sans l'assistance
ou le consentement spécial de son mari (art. 217 et 905, § 1er).
Cette défense s'applique-t-elle à la donation de biens à venir?
Oui. Par son nom, par ses formes, par son caractère principal, ce mode de disposer se lie trop intimement à la donation
entre-vifs pour n'être pas gouverné par les mêmes principes.
Sans doute la femme n'a pas besoin de l'autorisation maritale pour faire un testament; mais cet acte, révocable au gré
de son auteur, ne produit d'effet qu'à la mort de celui-ci. La
femme, en se choisissant un successeur, ne se lie pas, elle
oblige seulement ses héritiers.

L'autorisation maritale, toujours nécessaire à la femme
pour faire une libéralité, suffira-t-elle pour lui permettre,
dans tous les cas, de disposer de ses biens? Lorsqu'elle est
mariée sous le régime de la communauté, ou sous le régime
exclusif de communauté ou de la séparation de biens, rien
ne l'empêche de donner entre-vifs tous ses meubles et immeubles; à fortiori a-t-elle le droit de faire une donation de biens
à venir. A-t-elle choisi le régime dotal? elle jouit, quant à
ses paraphernaux, de la même liberté. Mais que décider relativement à ses immeubles dotaux, déclarés par la loi inalié-
nables? Le principe de l'inaliénabilité de la dot, établi dans
l'intérêt de la famille, ne saurait être retourné contre elle.

Aussi est-il permis à la femme de comprendre ses immeubles dotaux dans une institution contractuelle pour l'établissement de ses enfants (art. 1555 et 1556).

Ce qu'elle peut faire dans l'intérêt de ses enfants, le peut-elle aussi en faveur d'un étranger où d'un collatéral? Au milieu des controverses animées que la question soulève, il nous semble difficile d'admettre que la donation de biens à venir n'ait aucun des inconvénients qui ont fait prohiber l'aliénation de la dot. Si elle pouvait atteindre les biens dotaux, elle aurait pour résultat, si le disposant avait des enfants avant la donation, d'interdire les libéralités ayant pour but leur établissement, et d'anéantir ainsi la destination la plus précieuse des biens de cette nature.

La loi qui, pour des motifs de haute moralité, a restreint chez la femme la liberté de disposer à titre gratuit, a laissé intacte celle du mari, quand elle s'exerce sur ses propres; rien n'entrave alors ses intentions libérales. Mais il n'a pas la même omnipotence sur les biens de la communauté : libre de les aliéner à titre onéreux, de les hypothéquer, il ne peut pas en principe en disposer à titre gratuit. Son droit d'administrer les biens communs ne renferme pas celui de donner; il implique au contraire le devoir de conserver : les mots *administration* et *donation* réveillent des idées contradictoires. Cependant deux exceptions ont été apportées à ce principe par l'art. 1422, § 2 et 1er. Renfermé dans les limites de cet article, le pouvoir du mari est encore plus étendu en matière de donation qu'en matière de legs; car « la donation testamentaire faite par le mari ne peut excéder sa part dans la communauté » (art. 1423).

Laquelle de ces deux dispositions appliquer à l'institution contractuelle? celle de la donation entre-vifs ou celle du testament?

L'institution contractuelle étant une donation entre-vifs

d'une espèce particulière, c'est l'art. 1422 qui doit ici recevoir son application.

Si la donation de biens à venir est consentie en faveur des
enfants communs par le mari, celui-ci ne sera pas tenu de
respecter la part de la femme [dans la communauté ; il pouvait donner la propriété actuelle de tous les biens qui la composaient, comment lui refuser dès lors le pouvoir d'en transférer la propriété éventuelle? Il a conservé à la communauté,
en n'aliénant que par donation de biens à venir, les revenus
dont il aurait pu la priver; qui donc aurait le droit de s'en
plaindre?

Mais la liberté laissée au mari de disposer à titre gratuit
des objets de la communauté n'existe exceptionnellement
qu'au profit des enfants communs, dans le but de favoriser
leur établissement. Une donation de l .ens à venir compre-
nant des biens de la communauté, faite par un mari au profit
soit d'un étranger, soit d'un enfant d'un premier lit, ne serait
cependant pas sans effet ; seulement les résultats différeraient
suivant le parti que prendrait la femme à la dissolution de la
communauté. A cette époque, la femme renonce-t-elle, le
mari sera censé avoir toujours eu la propriété exclusive
de la chose donnée, et la libéralité vaudra pour le tout.
Au contraire, opte-t-elle pour l'acceptation, elle pourra
seule se prévaloir de la nullité de l'institution contractuelle,
et elle aura le droit d'exiger le rapport des choses données à
la masse des biens qui composaient la communauté. Mais la
libéralité, valable contre le donataire et le donateur, s'exercera
en entier, par équivalent, sur les propres de celui-ci.

Les anciens auteurs s'étaient demandé si un étranger non
naturalisé avait capacité de faire une institution contractuelle.
Bacquet (1) résolvait la question affirmativement. Mais la né-

---

(1) *Du droit d'aubaine*, partie II, ch. 21.

gative, soutenue par de Laurière (1), était plus en harmonie
avec les dispositions de l'ancien droit qui, ne permettant pas
à l'aubain d'avoir des héritiers, devait lui refuser la faculté
de s'en créer. Le Code Napoléon résolvait la question par une
distinction. Mais la règle de réciprocité diplomatique établie
par l'article 11 a été modifiée par la loi du 14 juillet 1819 : depuis cette époque, les étrangers ont, pour disposer de leurs biens
par donation entre-vifs, la même capacité que les Français.

La dernière incapacité absolue de faire une donation
entre-vifs signalée par le Code résultait de la mort civile.
L'homme qui avait encouru la privation de la vie civile ne
pouvait disposer de ses biens, en tout ou en partie, par donation (art. 25); il était donc incapable d'instituer contractuellement. Aujourd'hui la mort civile est abolie (l. du 31
mai 1854, art. 1) ; mais rien en ce qui touche notre matière
n'est changé : l'incapacité qui frappait le mort civil subsiste
dans la personne des condamnés à une peine afflictive perpétuelle (l. du 31 mai 1854, art. 3). Mais si la donation consentie par celui qui a encouru cette dernière peine est atteinte de
nullité, il n'en saurait être ainsi de celle antérieure à sa condamnation. Aussi s'est-on demandé quel serait le sort d'une
institution contractuelle faite par un individu que frapperait
plus tard une peine afflictive perpétuelle.

Elle devrait, sous l'empire de la législation actuelle, sortir
à effet. Le droit conféré au donataire est né du jour du contrat ; dès ce moment l'institué a un droit acquis, pour la réalisation duquel le secours du temps suffit. Peu importe l'état
d'incapacité du donateur lors de son décès. Le donataire
avait acquis un droit irrévocable, auquel le disposant, dans la
plénitude de sa capacité, n'aurait pu porter atteinte ; pourquoi, dès lors, exiger de lui qu'il conserve jusqu'à sa dernière
heure un pouvoir inutile ?

(1) *Des inst. cont.*, ch. 4, n° 44.

Les incapacités relatives de disposer par institution contractuelle pourraient trouver place à côté des incapacités absolues. Cependant, comme toute incapacité de disposer au profit d'une personne déterminée frappe nécessairement cette personne d'une incapacité réciproque de recevoir, nous ne traiterons de l'incapacité relative de donner qu'à l'occasion de l'incapacité relative de recevoir.

La donation de biens à venir, étant une exception, ne peut avoir lieu qu'en faveur de ceux à qui la loi permet expressément de recueillir à ce titre; or le législateur n'appelle au bénéfice de cette libéralité que les époux ou l'un d'eux et les enfants à naître du mariage.

Le donateur peut n'instituer qu'un seul des époux : si l'article 1082, dans son premier alinéa, parle *des époux*, il a soin de dire dans le second : *les époux ou l'un d'eux.* Celui qui veut gratifier les deux futurs à la fois, peut les instituer pour des parts égales ou inégales. Si le contrat les appelle conjointement, la donation se partage par moitié, sans distinguer à quelle famille des deux époux appartient le donateur.

A défaut des époux donataires, la loi appelle les enfants à recueillir l'effet de l'institution contractuelle. Mais quelle est la postérité désignée par le législateur pour remplir la place laissée vacante par la mort de leurs parents? Cette vocation n'appartient qu'à la descendance issue du mariage en vue duquel a été faite la libéralité. L'apparente généralité de l'article 1089, qui semble appeler les enfants, de quelque union qu'ils soient issus, à remplacer leur père ou mère, doit être restreinte par les termes de l'article 1082. Il faudra donc exclure du bénéfice de la donation de biens à venir les enfants que l'époux donataire aurait eus d'une précédente union, comme ceux qui naîtraient d'un mariage subséquent. La faveur du contrat de mariage ne s'étend ni aux uns ni aux autres; ils sont étrangers à la libéralité. « L'espérance de succéder est transmise aux enfants du *même* mariage, et *non aux autres* héritiers, parce que la validité de telles convenances est en pure faveur dudit mariage, laquelle faveur regarde la lignée qui en doit *issir*. » (Coquille.)

Le privilége exclusif dont jouissent les enfants du mariage est subordonné à l'institution en première ligne de leurs parents. Les enfants ne sont appelés que subsidiairement et en second ordre. Le Code s'écarte en cela des coutumes de Nivernais, d'Auvergne et de Bourbonnais, qui autorisaient l'instituant à appeler les enfants à l'exclusion de leurs père et mère. Aujourd'hui il n'y a plus d'institution directe en leur faveur. Si le système de ces coutumes n'avait pas été répudié par le Code, le droit aurait pu s'ouvrir quelquefois au profit des enfants, à une époque où ils n'auraient été ni nés, ni même conçus, ce qui aurait produit l'incertitude de la propriété. Si, en effet, le testateur décède avant que le mariage n'ait donné naissance à des enfants, qui donc recueillera les biens de l'instituant? Ce ne seront ni les époux écartés de la donation, ni des enfants encore dans le néant. Les remettre aux héritiers du donateur, à la charge de les restituer plus tard aux enfants à naître, ce serait une espèce de substitution incompatible avec les principes du Code. La donation exceptionnelle de biens à venir n'a été permise que pour encourager au mariage; or, quelle influence pourrait exercer sur la détermination des futurs l'espoir d'une fortune promise à des enfants à naître, et dont les père et mère ne doivent pas profiter?

Puisque les descendants du donataire ne sont institués qu'en second ordre, ils ne peuvent partager avec leurs père

et mère vivants la succession contractuelle. Peu importe que le disposant ait déclaré instituer *les époux et leurs descendants* : ces mots ne sont ajoutés que pour indiquer l'effet ordinaire de l'institution, en cas de prédécès des premiers donataires, ils ne changent rien à la loi.

Si les clauses du contrat de mariage sont impuissantes à donner à la vocation subsidiaire des enfants une force que lui refuse l'économie de la loi, du moins peuvent-elles la faire évanouir. La loi, en les appelant à défaut de leurs père et mère, supplée à l'intention présumée mais non exprimée par le disposant: c'est une présomption simple, qui s'évanouit devant une preuve contraire.

Si les jurisconsultes sont d'accord pour reconnaître que les enfants ne sont appelés à la succession qu'en second ordre, ils le sont moins sur la question de savoir à quel titre ils la recueillent: est-ce par transmission, ou par représentation, ou par l'effet d'une substitution vulgaire ? Il est d'abord bien évident qu'ils ne reçoivent rien par transmission. Un défunt ne transmet que ce qu'il a acquis ; or l'époux donataire, dont la vocation était subordonnée à la condition non accomplie de sa survie, n'a jamais eu de droit acquis.

Serait-ce par représentation ? Non encore : la représentation est une fiction qui, créée pour les successions *ab intestat*, ne saurait être étendue à la matière des donations.

Reste la substitution vulgaire. C'est bien la qualification donnée par les anciens auteurs au droit des enfants. Aujourd'hui ce n'est plus en cette qualité qu'ils sont désignés par la loi pour recevoir les biens de l'instituant, à défaut de leur père ou mère ; s'ils leur étaient substitués vulgairement, ils prendraient leur place dans la succession contractuelle, en cas de renonciation de leur part, car tel est l'effet ordinaire de la substitution vulgaire (art. 898); tandis que la loi ne les appelle que pour le cas où *le donateur survivrait au donataire* (art. 1082). Leur vocation, ne produisant pas tous les effets

de cette substitution, ne doit pas être désignée sous une dénomination surannée, qui du reste n'a pas été reproduite
par le Code.

Les enfants ne sont donc appelés, à aucun des titres que
nous venons d'examiner, à recueillir les biens de l'instituant;
ils viennent à la succession de leur chef, *jure suo,* en vertu
de la vocation légale écrite dans l'article 1082, et subordonnée
au prédécès de leur père ou mère. Ce principe produit les
conséquences suivantes :

1° Les enfants de l'institué peuvent venir à la succession
du donateur, quoiqu'ils aient renoncé à la succession de leur
père prédécédé.

2° Ils auront la faculté de ne se porter héritiers de leur
grand-père donateur que pour partie, de prendre les biens
compris dans l'institution, en renonçant à la succession ordinaire.

3° Le donataire ne peut, avant la mort de l'instituant, faire
entre ses enfants un partage inégal des biens à lui donnés par
contrat de mariage. Le consentement du donateur ne saurait
même l'y habiliter ; il n'a le droit ni de priver un de ses enfants des biens compris dans l'institution, en le réduisant à sa
légitime, ni de retransférer au donateur par un legs universel
les biens donnés par celui-ci. Les enfants ont des droits acquis
irrévocablement par contrat de mariage (art. 1395); il est
impossible d'y porter atteinte.

4° Le donateur ne pourrait *ex postfacto* grever valablement de substitution fidéicommissaire les biens par lui donnés : *donatio semel perfecta conditiones postea non capit ;* pas
plus qu'il ne pourrait, soit, en cas de convol du donataire,
réitérer sa donation dans le nouveau contrat de mariage pour
l'étendre aux enfants à naître du second lit, soit rompre entre
les enfants du premier l'égalité qu'il leur a implicitement
promise.

Mais pourrait-il se réserver la faculté, en cas de prédécès du donataire, de partager inégalement les biens entre les descendants de celui-ci, ou de les donner à celui d'entre eux qu'il désignerait ? Le disposant est libre d'insérer cette clause dans la constitution dotale ; mais quel en sera l'effet ? Elle équivaudra à une stipulation de caducité pour le cas de prédécès du donataire, sans que la quasi-promesse d'une donation future aux enfants soit obligatoire ; car elle n'est pas en harmonie avec la vocation générale et collective établie par l'article 1082 au profit des descendants du donataire.

Les enfants issus du mariage, appelés collectivement et en masse à bénéficier de l'institution contractuelle dans le cas de prédécès de l'époux donataire, doivent avoir des droits égaux. Cette égalité devient la règle du partage entre tous les enfants existant à l'époque de la mort de l'instituant. On ne compte pas pour cette opération ceux morts sans postérité avant le donateur ; leurs héritiers n'ont rien à prétendre dans la part éventuelle du *de cujus* dont le droit était subordonné à la condition de sa survie. Si, à l'époque de l'ouverture du droit, la concurrence s'établit entre les enfants issus du mariage et les descendants d'autres enfants prédécédés du même mariage, ou bien seulement entre les descendants, par suite de prédécès de tous les enfants du premier degré, le partage se fait par souche et se subdivise ensuite par tête. L'intention probable du donateur a été d'établir entre ses héritiers contractuels l'ordre successif qui existe entre les héritiers du sang. Il existe une analogie trop marquée entre la succession contractuelle et la succession ordinaire, pour que les règles applicables à l'une ne le soient pas aussi à l'autre.

Cette similitude nous induit à penser que la renonciation d'un donataire du second degré doit profiter à ses frères et sœurs gratifiés au même titre que lui. Puisque les enfants viennent par une vocation collective à cette succession, si l'un se retire, ce sera toujours la même masse de biens à partager entre un moins grand nombre d'héritiers ; dès lors, pourquoi ne pas appliquer ici les règles des articles 786 et 787 ?

Tous ces développements se réfèrent à l'hypothèse dans laquelle le prédécès du donataire du premier degré appelle ses descendants à recueillir la succession du donateur. Mais le premier donataire survit-il à l'instituant, il recueille les choses à lui données, à l'exclusion de tous autres: la vocation conditionnelle de ses enfants s'évanouit. L'institué, de son vivant, est libre d'en disposer à son gré; rien ne l'oblige à les conserver intactes à ses descendants. Pour assurer à ces derniers, d'une manière certaine, les biens donnés, l'usage s'était autrefois introduit de grever le donataire du premier degré d'une substitution fidéicommissaire au profit des enfants à naître du mariage. Ces fidéicommis étaient valables, de quelque personne qu'émanât l'institution. Aujourd'hui les substitutions sont prohibées en principe ; il n'y a d'exception qu'au profit des petits-enfants du donateur, et quelquefois des enfants de ses frères ou sœurs (art. 1048 et 1049); les père, mère, frères et sœurs de l'institué sont donc seuls autorisés à grever de fidéicommis les biens dont ils disposent par donation de biens à venir ; encore faut-il que la substitution s'adresse sans distinction à tous les enfants nés ou à naître du mariage.

Telles sont les personnes autorisées par la loi à bénéficier d'une institution contractuelle. Faite au profit d'étrangers, ou même de parents non contractant mariage, la disposition serait nulle. *Talis donatio non valet respectu eorum qui matrimonium non contrahunt* (Durel). Mais, si elle s'adressait conjointement à un futur époux et à un tiers, quelle serait sa valeur ?

Cette clause, connue autrefois sous le nom de clause d'association, était autorisée par les suffrages les plus imposants. On y voyait une condition de l'institution, condition révocable toutefois au gré du donateur. Sous l'empire du Co le, elle ne saurait produire d'effet : un tiers qui ne contracte pas mariage ne doit pas participer à une faveur introduite dans l'unique but d'encourager la création d'une nouvelle famille : pareille disposition ne vaudrait, à son profit, ni comme donation ordinaire, qui ne doit avoir pour objet que des biens présents, et qui exige une acceptation expresse, ni à titre de legs, les formes du testament n'ayant pas été observées.

Mais si cette stipulation se rencontrait, à qui profiterait la nullité ? Sur ce point, la plus grande divergence existe dans la doctrine. Des auteurs décident que la part du tiers étranger profite, *jure non decrescendi*, au donataire valablement institué, et investi à leurs yeux de la totalité des biens donnés, sous une condition qui, disent-ils, doit être réputée non écrite (art. 900). D'autres laissent dans la succession *ab intestat* de l'instituant la part du donataire irrégulièrement institué, parce que l'institution ne comprend que ce qui reste, déduction faite de la part attribuée illégalement à un tiers. Enfin un troisième système, sans formuler une solution en thèse générale, détermine l'attribution de la part conférée au tiers étranger d'après l'intention du donateur. A-t-il entendu faire, sous une forme indirecte, une véritable institution en faveur d'un tiers? les héritiers *ab intestat* du disposant profiteront de la nullité de la clause. La seconde institution peut-elle être regardée comme une condition de la première? l'institué recueillera la totalité. Pour découvrir la pensée de l'instituant, il faudra tenir le plus grand compte des rapports de parenté entre lui et le donataire.

Entre ces trois systèmes, qui se recommandent par des motifs sérieux, le choix est difficile. Nous donnons toutefois la préférence au second. A nos yeux, la clause d'association constitue une institution particulière plutôt qu'une condition ; par conséquent, la nullité doit profiter aux héritiers du disposant.

SECTION III.

A côté des incapacités absolues, le législateur a placé des incapacités relatives, auxquelles des considérations morales servent de fondement. Elles dérivent soit de fonctions remplies auprès de l'auteur de la disposition par le donataire, et de nature à permettre à ce dernier d'influencer l'esprit du disposant (art. 907 et 909), soit des différences établies par la loi entre les enfants légitimes et ceux nés d'une union illicite (art. 908). Comme ces différentes causes produisent à la fois l'incapacité de recevoir et celle de donner, la même section traitera des incapacités relatives au point de vue actif et passif.

D'abord il est défendu à un ancien tuteur de recevoir une donation de son ex-pupille, même majeur, avant que le compte définitif de tutelle n'ait été rendu et apuré. L'influence morale d'un tuteur se prolonge même après la majorité du pupille. La loi ne veut pas qu'une donation arrachée à un jeune homme encore peu expérimenté rende illusoire l'action qui lui appartient en réddition de compte. Bien plus, comme pareille donation serait nulle si elle était faite par interposition de personne, le législateur infirme celle qui, au lieu d'être adressée directement au tuteur, le serait à certains membres de sa famille (art. 911).

incapacité s'étend aux cotuteur et protuteur qui o   niscer dans la gestion de la tutelle, mais non pas au   teur, au tuteur *ad hoc*, au subrogé tuteur qui, n'ayant ni l'administration des biens, ni le maniement des deniers du pupille, ne peuvent exercer sur son esprit la même influence que le tuteur.

Le mineur, placé dans le cas de l'art. 907, est censé avoir cédé à des obsessions et n'avoir pas agi dans la plénitude de sa volonté. Nulle preuve n'est admise contre cette présomption, qui est de droit strict, indépendante des faits, et sur le fondement de laquelle la loi prononce la nullité de l'acte souscrit au mépris de sa prohibition (art. 907 et 1352).

Ces propositions s'appliquent à l'institution contractuelle, qui n'est qu'une dégénérescence de la donation entre-vifs.

Rien n'empêche l'homme qui jouit de la plénitude de sa volonté et de son intelligence, de faire des libéralités *in extremis*. Ce n'est pas, en effet, la santé du corps, mais la sanité de l'esprit, qui est exigée de la part de celui qui dispose de sa fortune : *Non corporis sanitas, sed mentis integritas exigitur* (2, D. *qui test. fac. possunt*). Cependant l'article 909 annule les donations consenties, pendant le cours de la maladie dont le disposant est mort, en faveur soit des docteurs en médecine ou en chirurgie, des officiers de santé qui l'auraient traité, soit des ministres du culte qui auraient rempli envers le malade des fonctions de leur ministère et de nature à exercer de l'influence sur son esprit. Les conditions exigées pour l'application de cette défense se trouveront rarement réunies en matière de donations par contrat de mariage. Cependant, si le cas se présentait, il faudrait appliquer dans toute sa rigueur l'art. 909 C. N.

La troisième incapacité relative a été édictée, *propter bonos mores et cultum pudicitiæ*, par l'article 908. Il est défendu aux père et mère de donner à leurs enfants naturels au delà de ce qui leur est accordé par le titre des successions. Cédant à une affection aveugle pour les fruits de leurs faiblesses, les parents auraient éludé trop souvent, par des libéralités indiscrètes, les dispositions restrictives des art. 756, 757, 761 du Code, si elles n'avaient pas eu de sanction. Cette incapacité n'existe qu'entre l'enfant naturel et les père et mère qui l'ont reconnu. Rien ne fait obstacle à la

libéralité adressée à l'enfant par un ascendant ou un collatéral de son père; aucun lien de parenté ne les unit. Mais
le père naturel ne saurait faire valablement une donation
excédant la quotité attribuée, par le titre des successions,
aux enfants de celui qu'il a reconnu; car, si ce dernier
existait, ils seraient réputés personnes interposées, et,
s'il était décédé, ils ne pourraient, venant à la succession
de leur grand-père par représentation, prétendre à des droits
plus étendus que ceux du représenté.

Moins dignes de faveur que les enfants naturels, ceux qui
ne doivent le jour qu'à l'inceste ou à l'adultère n'ont droit
qu'à des aliments (art. 762); aussi toute institution contractuelle ayant pour but d'éluder la loi serait-elle sans effet à
leur égard. La constitution dotale dont ils seraient gratifiés
serait réduite dans les limites étroites d'une simple pension
alimentaire.

CHAPITRE IV.

DES EFFETS DE LA DONATION DE BIENS A VENIR.

Ce chapitre sera divisé en deux sections : la première
traitera des effets de cette donation relativement au donateur ;
la seconde, de ceux qu'elle produit respectivement au donataire.

SECTION PREMIÈRE.

DES EFFETS DE LA DONATION DE BIENS A VENIR RELATIVEMENT AU DONA-
TEUR.

Le donataire est saisi, dès le moment de la donation, d'un
droit actuel et irrévocable, celui de se porter héritier ; mais
il ne l'est de la chose donnée, c'est-à-dire de l'hérédité, que
par le décès de l'instituant. Aussi ce dernier conserve-t-il

la liberté de disposer à titre onéreux de la totalité de son patrimoine. Sous ce rapport, la position du donataire ressemble à celle du réservataire : l'un et l'autre ont un titre irrévocable, sans avoir pourtant aucun droit sur les biens de celui auquel ils sont appelés à succéder. Le donateur garde donc le libre exercice de son droit de propriété; il peut vendre, échanger, hypothéquer les biens compris dans l'institution contractuelle. « Reconnaissance générale de principal héritier n'empêche, dit Loysel, qu'on ne puisse s'aider de son bien. » Si la loi avait lié plus étroitement les mains au donateur, peut-être cette entrave l'aurait-elle détourné de faire des libéralités qui doivent être encouragées.

· Le donateur pourrait-il s'interdire la faculté d'aliéner à titre onéreux ou d'hypothéquer les biens dont la loi ne lui enlève que la disposition gratuite ? Il faut distinguer : consignée dans un acte postérieur au contrat de mariage, cette reconnaissance serait sans effet, car elle constituerait une modification au contrat de mariage incompatible avec l'immutabilité que la loi lui imprime (art. 1395). Insérée au contraire dans le contrat de mariage lui-même, cette clause ne porte que sur les biens présents et constitue une donation cumulative de biens présents et à venir, permise par l'article 1084. Mais, pour que le donataire puisse plus tard transformer la libéralité en une donation de biens présents, il faudra qu'on ait inséré dans l'acte, ou qu'on lui ait annexé un état des dettes grevant le donateur lors du contrat, et, en outre, qu'on ait dressé un état estimatif des biens meubles (art. 948).

L'irrévocabilité de l'institution contractuelle, compatible, dans une certaine mesure avec la liberté d'aliéner à titre onéreux, ne l'est pas avec celle de disposer à titre gratuit; aussi le législateur a-t-il prohibé en principe ce dernier mode d'aliénation (art. 1083). Le donateur ne pourra pas disposer des biens compris dans l'institution, ni par donation, ni même par testament, quoiqu'en principe un homme ne puisse gêner sa liberté naturelle en s'interdisant le droit de tester. Si, pour éluder la loi, il a eu recours à des voies indirectes, s'il a déguisé la libéralité sous l'apparence d'un contrat à titre onéreux, ou s'il a employé la médiation de personnes interposées, il sera loisible au donataire de déchirer le voile qui couvre ces actes frauduleux, pour en faire prononcer l'annulation.

Les contrats qui se prêtent le mieux à masquer une donation sont les ventes à charge de rente viagère ou à fonds perdu : valables quand ils revêtent un caractère de sincérité, ces actes sont attaquables s'ils ont été faits de mauvaise foi. Mais, comme la fraude ne se présume pas, il semble que, souscrits au profit d'un successible en ligne directe, ils ne doivent pas pour cela être déclarés nuls de droit en vertu de l'art. 918 : ce serait étendre à l'héritier contractuel un privilége qui n'a pas été créé pour lui.

L'interposition de personne est, comme la simulation, un moyen facile de porter atteinte à l'irrévocabilité de l'institution. Ce genre de fraude peut aussi être dévoilé. La preuve de l'interposition d'une tierce personne chargée de remettre à l'incapable entraîne la nullité de la donation et du fidéicommis.

Devrait-on assimiler à une aliénation à titre gratuit la renonciation du donateur à une prescription acquise ? Il faut distinguer : si le créancier a laissé s'accomplir la prescription trentenaire, comme, avant d'être généreux, il faut être honnête homme, le donateur renoncera valablement à un mode de libération qui répugne à sa conscience. Que si, au contraire, possesseur d'un bien avec titre et bonne foi, il renonce à une prescription acquisitive, il perd de la sorte des biens dont il avait payé le prix, et sa renonciation pourra être attaquée.

En retirant au donateur la faculté de disposer à titre gratuit, la loi ne pouvait fermer son cœur aux sentiments de la reconnaissance, de la piété, de l'affection ; aussi lui est-il permis de donner à titre particulier des *sommes modiques à titre de récompense ou autrement* (art. 1083). Quel est le sens de ces expressions? Sous l'ancienne jurisprudence, Duperrier ne permettait au disposant de donner que *pour cause pie ;* Coquille, moins sévère, validait encore les libéralités rémunératoires ; Lebrun se contentait d'un don fait à titre particulier et sans fraude. Ce dernier avis a prévalu. Inutile de rechercher le motif qui a dicté la disposition ; quant à la modicité, elle s'apprécie eu égard à la fortune du disposant, aux services rendus et à la qualité du donataire ; mais le donateur n'aura jamais le droit de se créer, au préjudice de l'héritier déjà institué, un autre héritier par testament ou par contrat : *Non potest dare cohœredem etiam particularem, nisi ut legatarium vel donatarium certœ rei* (Dumoulin). Les donations universelles qu'il consentirait seraient, dans l'intérêt de l'institué, frappées de nullité ; celles faites à des réservataires, valables jusqu'à concurrence de leurs réserves, seraient réductibles pour le surplus.

Une autre limitation à la défense d'aliéner à titre gratuit résulte de la nature de la disposition principale. Si, par exemple, l'institution a été faite *per modum quotœ*, le donateur reste libre de disposer du reste de l'entier ; si elle l'a été à titre particulier, il pourra donner l'universalité de ses biens.

Lorsqu'en fait le donateur a dépassé les limites fixées par la loi, ce ne sera qu'à sa mort, époque de l'ouverture du droit de l'institué, que celui-ci pourra attaquer la donation qui lèse ses droits.

Il n'y aurait jamais excès de pouvoir de la part du donateur qui disposerait d'une somme, d'un objet, d'une quotité à prendre sur les biens compris dans l'institution, dans la mesure d'une réserve qu'il aurait stipulée ; une pareille clause est valable (art. 1086). Si, dans ce cas particulier, il donnait une somme moindre que celle dont il s'était réservé la disposition, la libéralité ne serait évidemment pas attaquable ; s'il excédait au contraire les limites qu'il s'était imposées, elle serait sujette à réduction.

Mais si, dans ce dernier cas, l'institué a consenti à la libéralité, sera-t-il recevable à la critiquer ensuite? Oui ; son adhésion n'était pas libre ; il n'a fait que céder aux obsessions de son bienfaiteur : *Consensus hæredis vivo testatore datus, videtur extortus et non valet.* Ce nouveau pacte sur la succession future du disposant porte atteinte à l'irrévocabilité de l'institution contractuelle.

La prodigalité des uns est quelquefois remplacée chez d'autres par une extrême parcimonie. Au lieu d'excéder, par ses libéralités, les limites fixées par la loi, l'instituant pourra ne même pas user du droit qu'il s'est réservé. Dans ce cas, les biens qu'il aurait pu donner, restant dans son patrimoine, augmenteront la masse héréditaire de sa succession et tourneront au profit de l'institué ou de ses descendants.

Le disposant, libre d'étendre, par des clauses particulières, le droit très-limité que la loi lui confère de disposer à titre gratuit, pourrait-il également restreindre, par une convention spéciale, ce dernier vestige de son droit de propriété, renoncer au bénéfice de l'art. 1083. et s'interdire toute espèce de libéralité au préjudice du donataire? Non, il ne peut pas se réduire à l'impossibilité de récompenser des services, de satisfaire ses affections, de faire même une aumône. Se lier par une semblable clause, ce serait faire, sur une succession future, un pacte plus rigoureux que la loi ne le permet.

SECTION II.

Pendant la vie du donateur, l'institué n'a qu'un titre, celui d'héritier : son droit est éventuel, périssable et sujet à caducité : s'il a plus qu'une espérance, il n'a pas la certitude de réaliser un émolument. Né le jour du contrat, ce droit ne s'ouvrira et ne prendra de fixité que par l'accomplissement de la condition à laquelle est subordonnée sa vocation d'héritier, c'est-à-dire par sa survie au donateur.

Lorsque le donataire prédécède, son espérance s'évanouit. Semblable à l'héritier présomptif, il n'a pu grever de charges hypothécaires, du vivant du donateur, les biens compris dans l'institution. S'il l'a fait, ces droits réels tomberont, parce qu'ils auront été consentis *à non domino*, et les biens resteront libres entre les mains des héritiers *ab intestat* du disposant ; en un mot, l'institution est caduque.

Si le donateur meurt le premier, le résultat, relativement aux droits réels consentis par le donataire du vivant du donateur, sera encore le même : la survie de l'institué ne validera pas des hypothèques consenties avant l'ouverture de son droit ; elles seront nulles, comme constituant un pacte sur une succession future (art. 791 et 1130).

Puisque le donataire ne peut, du vivant du donateur, grever de droits réels des biens qu'il est appelé éventuellement à recueillir, à plus forte raison lui est-il défendu de les vendre ou de les donner. La renonciation au titre que lui a conféré l'institution, ou la cession qu'il en ferait à un tiers, serait frappée de nullité. Guidé par des considérations morales, le législateur a prohibé tout trafic sur la succession d'un homme vivant. Les tribunaux ne toléreraient pas plus les spéculations dont une succession contractuelle serait l'objet que celles qui porteraient sur une succession ordinaire. Les motifs de décider sont les mêmes dans les deux cas ; dans l'un comme dans l'autre, même immoralité, même danger ; aussi la généralité du mot succession, dans les articles 791, 1130 et 1600, repousse-t-elle toute distinction.

Tels sont les effets, en quelque sorte négatifs, de l'institution contractuelle sur les actes faits par l'institué du vivant du donateur.

Quels sont maintenant ceux qu'elle produit à la mort du disposant ?

A l'ouverture de son droit, le donataire a, comme tout héritier, le choix entre trois partis : renoncer à la succession, l'accepter purement et simplement, ou ne l'accepter que sous bénéfice d'inventaire ; or les effets de la donation de biens à venir varient suivant qu'il adopte l'une ou l'autre de ces alternatives.

Mais, tout d'abord, le donataire a-t-il bien la faculté de répudier la succession contractuelle ? Le doute doit disparaître en présence de l'article 775, qui consacre le principe coutumier : *Nul n'est héritier qui ne veut*, et de l'article 1086, qui permet de renoncer dans une situation analogue. Il serait injuste, comme le faisait remarquer Domat (1), de laisser à celui qui pourrait s'assurer d'avoir un héritier nécessaire, la liberté de le ruiner en le grevant de dettes, de legs et autres charges, au delà de la valeur de l'hérédité. Cependant quel autre moyen que celui de la renonciation aurait le donataire pour se soustraire à ce résultat fâcheux ? A la vérité, on objecte que le donataire, en acceptant l'hérédité lors du contrat, a consommé son choix et s'est fermé la voie de la renonciation ; mais ce que le donataire a accepté, ce n'est pas l'hérédité, qui ne s'est ouverte que depuis, c'est seulement le

(1) Préf. du tit. des succ., n° 10.

droit de se porter héritier du disposant à son décès, le titre qui le rend apte à succéder. L'institution l'a placé dans la même position qu'un réservataire; or celui-ci est toujours libre de renoncer.

Ce titre d'héritier, que l'institué a accepté, est indivisible. Les principes du droit s'opposent à ce que le donataire prenne les biens possédés par le donateur lors du contrat, en acquittant les dettes existant à cette époque, et renonce à ceux acquis dans la suite, pour se décharger des dettes postérieures. L'institution contractuelle renferme une seule et unique disposition, laquelle a trait de temps à la mort du donateur; c'est alors qu'elle reçoit sa perfection.

Après avoir établi le droit pour le donataire de renoncer à la succession du disposant, demandons-nous les conséquences du parti qu'il a pris.

La renonciation rend l'institué étranger à la succession du donateur; elle le soustrait aux charges d'une acceptation, et paralyse les conséquences d'une saisine dont la source est dans le contrat de donation.

L'acceptation, au contraire, permet de recueillir le bénéfice d'un droit né le jour du contrat et ouvert au décès du donateur. La saisine se consolide sur la tête de l'institué; de sorte que, pour étudier les effets de l'acceptation, il est besoin de rechercher la nature de cette saisine, sur laquelle les auteurs ne s'accordent pas.

D'après la doctrine des anciens jurisconsultes, la saisine de l'héritier contractuel ressemblait à celle des héritiers du sang; l'institué était, comme ces derniers, saisi des droits et actions du défunt; comme eux, il continuait la personne juridique du *de cujus*. C'était l'avis d'Auroux des Pommiers (1), de Boucheul (2) et de Pothier (3).

(1) Sur Bourb., art. 223.
(2) *Conv. de succ.* ch. 9, n° 1 et 2.
(3) Int. au tit. 17 de la Cout. d'Orléans.

Parmi les auteurs modernes, les uns, trompés par la fausse analogie que présente la donation de biens à venir avec les legs, appliquent à l'institué contractuel la distinction des articles 1004 et 1006 C. N. Dans ce système, l'héritier du sang est seul saisi (art. 724), et l'héritier contractuel, à l'instar du légataire universel, ne peut aspirer à la saisine que dans le cas de l'article 1006.

D'autres reconnaissant les différences profondes qui distinguent la position du donataire ayant concouru au contrat qui l'investit de son droit, de celle du légataire resté étranger à la rédaction de l'acte dans lequel il puise le sien, enseignent que la saisine de l'institué ne procède ni de la loi, ni de la mort du donateur, mais du contrat qui a créé ses droits successifs.

Ce dernier avis nous semble préférable. La saisine du donataire a une origine plus reculée que celle de l'héritier *ab intestat;* elle remonte au contrat de donation. C'est le vif qui à *priori*, au moment où la convention a eu lieu, lui a donné l'investiture.

La différence déjà signalée entre le donataire et le légataire en produit une autre relativement à la délivrance. Le légataire, qui, en règle générale, n'est pas saisi, sauf dans le cas de l'article 1006, doit demander aux héritiers du sang la délivrance des objets compris dans son legs ; mais le donataire, qui est toujours saisi, n'a jamais besoin de demander aux représentants du *de cujus* qu'ils se dessaisissent de biens dont ils ne sont pas investis : une demande en délivrance serait donc sans utilité. Le légataire qui revendiquerait contre les tiers les objets à lui donnés, sans avoir passé par le préliminaire de l'action en délivrance, serait déclaré non recevable dans sa demande ; tandis que le titre du donataire étant par lui-même exécutoire, rien n'entravera son action. Enfin la saisine du donataire, consolidée sur sa tête par la mort du donateur, lui conférera l'exercice des actions possessoires dé-

niées au légataire, qui n'a aucune possession avant la délivrance.

La saisine a bien donné à l'institué la possession civile des
objets compris dans la donation, mais la possession de fait
lui manque : c'est pourtant celle-ci qui lui procurera une
jouissance effective. Quelles voies sont donc ouvertes au donataire pour réaliser son droit? La réponse à cette question
exige une distinction entre l'institution universelle et la donation de biens à venir et à titre particulier.

La donation embrasse-t-elle une universalité, l'action en
partage compète au donataire contre les héritiers du sang ou
autres représentants du *de cujus* (art. 818). Le partage opéré,
l'institué sera réputé avoir été saisi seul des biens composant
son lot et n'avoir jamais eu de droit sur ceux des autres; par
conséquent il prendra sa part de toutes charges hypothécaires
provenant du chef de ses cohéritiers (art. 883), et la détermination des objets composant son lot donnera naissance
en sa faveur à l'action réelle en revendication.

Supposez maintenant une donation à titre particulier. La
libéralité comprend-elle un corps certain et déterminé, une
action réelle en revendication compète au donataire contre
tous détenteurs quelconques, héritiers du sang ou autres représentants du *de cujus*, enfant naturel, époux survivant,
État; ou enfin, en cas de vacance, contre un curateur qu'il
ferait nommer par le tribunal de l'ouverture de la succession (art. 811, 812, 813).

Lorsque la donation n'a pour objet qu'une somme, une
quantité ou un objet indéterminé, le donataire agit par action
personnelle contre les représentants du défunt, à l'effet de se
faire transférer la propriété des choses auxquelles il a droit,
ou d'en obtenir la détermination. L'obligation de l'héritier
s'éteindra par un payement soumis aux règles du droit commun. La dette est-elle alternative? c'est à lui qu'appartien-
dra l'option, conformément à l'adage : *Electio debitoris est*

(art. 1190). A-t-elle pour objet une chose indéterminée? il ne sera pas tenu de la donner de la meilleure espèce, mais il ne pourra l'offrir de la plus mauvaise (art. 1246). Quant à la chose due, elle devra être fournie en nature avec ses accessoires naturels. Les améliorations et détériorations qu'elle aurait pu subir depuis la donation tourneraient au profit ou à la perte du donataire (art. 1245 et 1302).

Comme tout créancier, le donataire sera tenu de diviser son action contre les représentants du défunt, en proportion de la part héréditaire de chacun. L'obligation des héritiers vis-à-vis du donataire est une dette de la succession qui, comme toutes les autres, se divise de plein droit entre eux (art. 870). Aussi, à la différence des legs, qui doivent être payés sur le disponible de la succession, et dont l'héritier ne saurait être tenu *ultra vires*, les donations de biens à venir doivent être payées intégralement par les héritiers quand ils n'ont pas pris la précaution de n'accepter que sous bénéfice d'inventaire. Les legs sont une charge de la succession, dont le défunt n'a jamais été tenu, et que l'acceptation de l'héritier fait peser sur lui ; mais l'obligation résultant d'une donation de biens à venir a sa source dans un contrat passé avec le donateur, contrat qui a engendré, de la part de celui ci, un engagement personnel dont l'effet seul était différé jusqu'au décès.

Fruits. — La saisine du donataire, confirmée par son acceptation, ne l'investit pas seulement de la propriété des biens compris dans l'institution, elle lui confère en même temps un droit sur les fruits qu'ils produisent. En principe, les fruits appartiennent à celui qui a la saisine ; or le donataire de biens à venir, quelle que soit la nature de son titre, universel, à titre universel ou particulier, étant saisi dès le décès du disposant, doit recueillir, à partir de cette époque, les fruits de la chose donnée : nouvelle différence entre le donataire de biens à venir et le légataire, qui ne peut obtenir les fruits à partir du décès du testateur qu'à la condition d'être saisi par l'universalité de son titre et l'absence d'héritiers réservataires (art. 1006).

Le droit de l'institué aux fruits reçoit un tempérament, lorsque la donation comprend autre chose qu'un corps certain. Les effets de la saisine étant alors subordonnés à la mise en demeure du débiteur ou à l'individualisation de la chose donnée, le donataire n'a droit aux fruits que du jour de sa demande. L'application de cette règle de droit commun n'offre pas de difficultés : la chose donnée produit-elle des fruits civils? par application de l'art. 586, l'institué aura droit aux fruits du jour de son interpellation judiciaire ; ceux échus antérieurement resteront à l'héritier du sang. Les choses données sans détermination produisent-elles des fruits naturels ou industriels? l'héritier profitera de ceux pendants par branches et par racines qu'il aura recueillis avant toute interpellation du donataire. Celui-ci, de son côté, prendra les fruits existant dans le même état au moment de sa demande (arg. de l'art. 585). Si, bien que le cas soit plus rare, des bois taillis ont été donnés sans détermination, l'héritier pourra faire les coupes de bois aux époques marquées par le père de famille, comme étant celles de leur maturité.

Appliquons à la donation d'usufruit la distinction déjà établie pour la perception des fruits par le donataire. L'usufruit doit-il porter sur un ou plusieurs immeubles déterminés, le donataire aura les fruits naturels ou civils du jour du décès du disposant. Son objet est-il, au contraire, indéterminé, la jouissance du donataire ne datera que du jour de la détermination de l'immeuble grevé d'usufruit (art. 585, 604 et 1014).

Les principes de l'usufruit ne sauraient régir la donation qui revêt le caractère de rente viagère ou de pension alimentaire. Dans ce dernier cas, ce sera à partir du décès du disposant que seront dus les intérêts et fruits de la donation ; car alors la prestation quotidienne n'est ni le fruit ni le revenu de la chose donnée, mais l'objet principal de la libéralité.

Les règles relatives à l'acquisition des fruits céderaient à des dispositions contraires clairement exprimées dans le contrat de mariage. Alors les fruits seraient dus au donataire, non plus comme un accessoire de la chose donnée, mais comme une partie intégrante de la donation.

Payement des dettes. — Le patrimoine d'un défunt forme un être de raison, un *nomen juris*, mélange de droit et d'obligation, d'actif et de passif. L'héritier qui recueille l'émolument de la succession est en même temps obligé d'en supporter les charges; il n'y a de biens que déduction faite des dettes : *bona non intelliguntur, nisi deducto ære alieno* (art. 824 et 873). Si la succession est recueillie par un héritier unique, celui-ci doit toutes les dettes; si elle l'est par plusieurs, chacun les acquitte en proportion de sa part héréditaire.

Ces principes s'appliquent à l'héritier institué par contrat de mariage, avec les distinctions commandées par la nature du titre constitutif de son droit. Seulement les effets de la donation, quant au payement des dettes du *de cujus*, varieront suivant qu'elle sera universelle, à titre universel ou particulier.

Le donataire universel prenant tous les biens, il est juste qu'il supporte toutes les charges; s'il est en concours avec des légitimaires, il recueille une fraction de la succession et paye une fraction correspondante de dettes. Sa position est la même que celle du donataire à titre universel, qui est également tenu des obligations du défunt pour une part proportionnelle à celle qu'il prend dans l'hérédité (1). Les uns et les autres, en effet, ne peuvent se soustraire à l'application du principe qui fait du successeur universel ou à titre universel le repré-

(1) Boucheul, Conv. de succ. ch. xxxiii, n° 66.

séntant du défunt : *Hi qui in universum jus succedunt hære-
dum loco habentur.*

Quant au donataire qui, au lieu d'être gratifié *per modum
quotæ*, ne l'a été que *in re certa*, il ne sera jamais tenu des
dettes (1) : *Æs alienum universarum non certarum rerum
onus est.* — N'étant pas personnellement obligé à l'acquittement des charges héréditaires, il ne pourra être actionné que
par les créanciers hypothécaires dont il détient le gage. S'il
les désintéresse, il exercera un recours contre les héritiers
ou autres représentants du défunt (art. 1020).

L'obligation des institués aux dettes repose donc sur les
principes les plus incontestables du droit. Mais quelle en
sera l'étendue? Sera-t-elle mesurée sur l'émolument du donataire? ou bien s'étendra-t-elle même au delà de ce qu'il
amende dans la succession? En un mot, le donataire de biens
à venir sera-t-il tenu des dettes même *ultra vires*, lorsqu'il
aura accepté purement et simplement? Sur cette question,
autrefois très-controversée, la majorité des auteurs, tels que
Lebrun (2). Auroux des Pommiers (3) et Boucheul (4), se
prononçait pour l'affirmative, par ce motif que *l'effet de l'institution est de faire un véritable héritier* saisi de plein droit,
comme l'héritier du sang, des droits et obligations du *de
cujus.* Cette solution est encore la meilleure, s'il est vrai,
comme nous avons cherché à l'établir, que la saisine, née du
contrat de donation, se soit consolidée sur la tête du donataire à l'époque de l'ouverture de son droit; qu'à ce moment
il ait été investi des biens compris dans l'institution, au point
de n'être pas obligé de demander la délivrance ; que sa position soit identique à celle de l'héritier du sang; pourquoi
échapperait-il à des charges qui sont la conséquence natu-

(1) Boucheul, ch. xxxiii, n° 65.
(2) Succ., liv. iii, ch. 2, n° 41.
(3) Sur Bourb., art. 223.
(4) Conv. de succ., ch. xxxiii, n° 1.

relle de son droit? Sans doute ces deux saisines diffèrent d'origine; mais qu'importe si leurs effets sont les mêmes? L'une comme l'autre n'investit-elle pas de la possession civile et de la propriété à un même moment, celui de l'ouverture de la succession ? Comment, dès lors, soustraire aux conséquences, rigoureuses il est vrai, mais logiques, qu'elles entraînent, un donataire que le défaut d'inventaire a mis dans l'impossibilité de constater les forces de la succession?

Mais à côté du danger la loi a placé le préservatif : l'acceptation bénéficiaire, qui empêche toute confusion entre les biens du défunt et ceux de l'institué, permettra à celui-ci d'échapper aux conséquences fâcheuses d'une acceptation pure et simple.

Il est quelquefois inutile de recourir à ce dernier mode d'acceptation. La constitution usufructuaire ne sera jamais qu'une disposition à titre particulier ; le donataire en usufruit n'est obligé qu'à l'occasion de la chose qu'il détient, *ob rem*; alors même que son titre porte sur l'universalité des biens de la succession ; aussi son obligation se renferme-t-elle dans la mesure de son émolument. Bien plus, comme le capital passif est une charge de la nue propriété, et que l'intérêt qu'il produit grève seul la jouissance, ce sera au nu-propriétaire qu'incombera l'acquittement de la dette, et à l'usufruitier le payement des intérêts. Lorsque la donation de biens à venir porte sur l'usufruit de tous les biens de la succession, le donataire paye les intérêts de toutes les dettes. Né comprend-elle, au contraire, que l'usufruit d'une quotité des biens de la succession, l'institué ne paye les intérêts que dans la même proportion. L'usufruit ne porte-t-il enfin que sur un ou plusieurs biens déterminés, le donataire ne devra rien.

Telles sont les règles à suivre jusqu'à l'exigibilité de la dette. Ce terme arrivé, quels principes appliquera-t-on ? Cette question divisait les anciens jurisconsultes : les uns obligeaient l'usufruitier à l'avance du capital, sauf restitution à lui ou à ses héritiers à la fin de l'usufruit ; d'autres voulaient que le capital fût payé par le nu-propriétaire à qui l'usufruitier était obligé de servir les intérêts ; enfin quelques-uns mettaient les deux tiers des dettes à la charge du nu-propriétaire, et l'autre tiers à celle de l'usufruitier. Aujourd'hui l'article 612 règle cette situation. Trois moyens sont offerts par le législateur pour l'extinction de la dette : l'usufruitier peut payer de ses deniers ; le capital lui est alors restitué par le propriétaire à l'extinction de l'usufruit, mais sans intérêts. S'il ne veut pas faire cette avance, le propriétaire peut la faire lui-même, et l'usufruitier lui tient compte des intérêts du capital déboursé pendant toute la durée de son usufruit. Que si le propriétaire ne veut pas ou ne peut pas avancer les fonds, il a le droit d'exiger, pour l'acquittement des dettes auxquelles l'usufruitier et lui doivent contribuer, la vente d'une portion des biens soumis à l'usufruit. Le nu-propriétaire perd alors la nue propriété des biens vendus, et l'usufruitier la jouissance.

CHAPITRE V.

DES CAUSES DE RÉVOCATION, DE RÉDUCTION ET DE CADUCITÉ DE LA DONATION DE BIENS A VENIR.

L'institution contractuelle produira le plus souvent les effets que nous venons d'étudier. Cependant, comme différents événements peuvent les empêcher de se réaliser ou les amoindrir, nous allons examiner les causes de réduction, de révocation et de caducité qui l'atteignent quelquefois.

SECTION PREMIÈRE.

DES CAUSES DE RÉVOCATION.

Le Code Napoléon reconnaît trois causes de révocation des

donations : l'inexécution des conditions sous lesquelles la libéralité a été faite, l'ingratitude du donataire et la survenance d'enfants au donateur (art. 953). Sont-elles applicables à la donation de biens à venir ?

Dans tout contrat synallagmatique, l'inexécution des conditions de la part de l'une des parties est pour l'autre une cause résolutoire tacite de la convention (art. 1184). Ce principe, que la loi applique aux donations ordinaires, est trop équitable pour n'être pas étendu à l'institution contractuelle. Quoique les charges de la libéralité ne soient pas le motif déterminant du contrat, le donateur ne se serait cependant pas dépouillé, s'il eût prévu qu'elles ne seraient pas exécutées par le donataire. Du reste, en n'exceptant (art. 959) la donation en faveur du mariage, du principe posé par l'art. 953, que pour le cas d'ingratitude, le législateur décide implicitement que l'institution contractuelle demeure assujettie aux autres causes de révocation.

Les anciens jurisconsultes se demandaient si l'institution contractuelle était révocable pour ingratitude. L'affirmative était soutenue par Ricard (1) et de Laurière (2), et la négative, par d'Expilly (3) et Rousseau de Lacombe (4). Ces derniers invoquaient la loi 24 du Code *de jure dotium*, et surtout la loi 70 du même titre, portant : *Patrona dotem pro liberta jure promissam, quod exstiterit ingrata, non retinebit.* Leur solution a prévalu dans le Code. Les donations en faveur du mariage ne sont pas révocables pour cause d'ingratitude (art. 959). Cette décision est équitable : la donation, sans laquelle le mariage n'aurait peut-être pas été contracté, n'a pas seulement été faite en vue des époux, mais encore en.

(1) Ricard, *Des Don.*, part. iii, ch. vi, sect. i, nᵒˢ 681 et 682.
(2) Inst. cont. ch. iv, nᵒ lxxxvii.
(3) D'Expilly, ch. 26.
(4) Vᵒ Don., part. ii, sect. iii, nᵒ 3.

faveur des enfants à naître : il n'aurait pas été juste de les punir de la faute de leurs parents.

La survenance d'un enfant au donateur qui n'avait pas de postérité au moment de la donation, telle est la troisième cause de révocation reconnue par la loi (art. 960). Cette règle, qui n'avait été portée par la loi *si unquam* (1) que pour les donations faites à des affranchis par leur patron sans enfants, fut étendue, par l'ancienne jurisprudence, à toute espèce de personne. Elle repose sur cette présomption que le donateur, qui n'avait pas d'enfant, n'eût pas fait cette donation, s'il avait prévu qu'il en aurait un jour. Ce motif s'applique par sa généralité à toute espèce de donations; aussi le législateur a-t-il étendu cette cause de révocation même aux libéralités faites *en faveur du mariage* (art. 960). On peut objecter sans doute qu'il en résulte quelque incertitude dans les propriétés que les enfants peuvent ne survenir qu'un grand nombre d'années après la donation , et surtout que ces libéralités ont été peut-être la cause déterminante des mariages qui ont été contractés. Mais le législateur ne s'est pas arrêté à ces considérations, qui ne devaient pas l'emporter sur la loi naturelle, subordonnant toutes les affections à celle qu'un père a pour ses enfants. De quoi, du reste, le donataire se plaindrait-il ? Il n'a pas dû ignorer la loi qui l'avertissait qu'il ne pouvait recevoir que sous la condition de préférence due aux enfants qui naîtraient au donateur.

SECTION II.

DE LA RÉDUCTION.

Quelque faveur qui s'attache aux donations par contrat de mariage, elles ne doivent cependant pas porter atteinte aux

(1) L. 8, Cod. *de rev. don.*

droits réservés à la famille du disposant ; aussi sont-elles, comme toutes les autres libéralités, réductibles quand elles dépassent la quotité disponible (art. 1090). Mais quel mode de réduction suivre ? Appliquera-t-on à la donation de biens à venir l'article 923, d'après lequel les donations sont réduites, d'après l'ordre des dates, à commencer par les plus récentes, ou bien l'article 926, qui opère la réduction des legs au marc le franc ? Le premier mode de réduction doit obtenir la préférence. Le legs, œuvre de la volonté unique du testateur, ne le lie pas, et le laisse maitre absolu de ses biens, sans porter atteinte à la plénitude de ses droits de propriétaire; la donation de biens à venir, au contraire, crée un lien synallagmatique entre les contractants, et confère au bénéficiaire un droit irrévocable, qui en fait un véritable donataire. La réduction ne devra donc porter sur les institutions contractuelles qu'après le complet épuisement des legs, et les plus récentes seront réduites avant les plus anciennes.

L'application de ce principe exige une distinction entre les donations universelles, à titre universel et à titre particulier.

Mis au lieu et place de l'héritier légitime, l'institué universellement est appelé à la totalité de la succession du donateur; mais, comme aucune libéralité ne peut porter atteinte à la réserve, il ne pourra jamais recueillir au delà de la quotité disponible : son acceptation l'a soumis à l'exercice des droits des réservataires. Son émolument sera en outre réduit non-seulement par les donations que le *de cujus* a pu consentir avant l'institution contractuelle, mais encore par les dons modiques faits à titre particulier postérieurement à son contrat, qui demeureront à sa charge. Enfin, lorsque le donateur s'étant réservé la faculté de disposer d'un objet ou d'une somme déterminée, a usé de son droit, ces dernières libéralités ne pourront pas être réduites avant l'institution pour fournir la réserve ; car, s'il en était ainsi, la réserve insérée dans le contrat de donation serait inutile.

La libéralité est-elle d'une quote des biens que le donateur doit laisser à son décès ? l'institution ne sera frappée de réduction que dans le cas où, jointe aux libéralités entre-vifs antérieures, elle excéderait la quotité disponible. Dans cette dernière hypothèse, la réserve de disposer d'un objet ou d'une somme, insérée dans le contrat de mariage, ne changera rien à l'ordre suivi pour la réduction des libéralités ordinaires ; car les dernières donations, même d'objets réservés, devront être réduites les premières, et le donataire institué ne sera tenu de fournir la réserve que dans l'ordre établi par l'art. 923. Les parties ont voulu qu'avant d'atteindre l'institution d'héritier, les légitimes fussent formées avec les biens restants et réservés. Il en serait de même du donataire institué à titre particulier.

SECTION III.

DES CAUSES DE CADUCITÉ.

Une disposition est caduque lorsque, suivant l'étymologie saisissante du mot, elle tombe, *cadit*, sans avoir produit d'effets. Les libéralités n'étant transmissibles que lorsque le bénéficiaire les a recueillies, sa mort arrivée avant qu'il ait été saisi lui-même emporte caducité. Ce principe explique l'art. 1089 ; l'institution contractuelle ne constituant qu'un don de succession, il faut exister au moment du décès du disposant pour la recueillir. La caducité atteindra donc la disposition, si le donateur survit au donataire et à la postérité issue du mariage. Alors même que la libéralité aurait été faite par un ascendant, l'existence d'enfants du donataire, issus d'un mariage autre que celui qui avait motivé la donation, ne ferait pas obstacle à la caducité ; puisqu'ils sont appelés par la loi à prendre la succession du disposant, pourquoi supposer que celui-ci a voulu se lier les mains en les appelant à recueillir, à titre de donataires, ce qu'ils doivent avoir à titre d'héritier?

L'enfant adoptif du donataire n'empêchera pas non plus la caducité de la donation résultant de son prédécès; n'étant pas né du mariage, il n'a pas dû entrer dans les prévisions du donateur.

La solution devrait être différente pour les enfants naturels légitimés par le mariage en faveur duquel la donation de biens à venir a été faite. Il est à croire que l'instituant a voulu les appeler, aussi bien que les enfants du mariage, à bénéficier de la donation, en cas de prédécès de leur père ou mère.

La caducité n'atteindra donc en général la disposition qu'autant que le donateur aura survécu même aux enfants du donataire. Il en serait cependant autrement, si, par une clause spéciale, le bénéfice de l'institution avait été restreint à la personne des époux ou de l'un d'eux.

La déclaration d'absence a pour effet : 1° d'ouvrir les droits subordonnés à la mort de l'absent; 2° de faire considérer sa succession comme ouverte au jour de sa disparition ou de ses dernières nouvelles. Si donc le donateur a disparu, on devra rechercher si, au moment de la déclaration d'absence, le donataire ou ses descendants existaient (art. 120 et 123). Si ce sont, au contraire, le donataire et ses enfants issus du mariage qui ont disparu, les héritiers du donateur n'auront pas à prouver la survie de leur auteur au donataire et à sa postérité; c'est à ceux qui prétendent avoir droit aux biens recueillis par le donataire ou sa postérité à prouver que l'institué ou les siens ont survécu au donateur : à défaut de cette preuve, la donation sera caduque.

Le mariage est la cause déterminante de la donation; le donateur n'a fait de libéralité que sous la condition tacite qu'un nouvel établissement se formerait ; aussi la loi a-t-elle déclaré caduque toute donation faite en faveur du mariage, si le mariage ne s'ensuit pas (art. 1088).

Quant au mariage nul, il n'a jamais eu d'existence légale : ce n'est pas seulement une union entachée d'une imperfection ou d'un vice, c'est le néant ; c'est un pur fait destitué de tout effet civil. La donation faite en vue d'un mariage qui serait annulé dans la suite serait donc frappée de caducité.

Telles sont les causes de caducité de l'institution contractuelle. Quels en seront les effets ? Le droit de l'institué n'ayant pas pu s'ouvrir, ni la saisine se consolider sur sa tête, celui-ci se trouve dans la même position qu'un héritier présomptif déçu de l'espérance de succéder à son auteur ; il n'a donc pu ni vendre, ni hypothéquer, ni donner les choses comprises dans l'institution.

Comme le donataire n'a jamais eu de droit sur des biens dont la propriété n'a pas fait impression sur sa tête, la femme ne peut, en invoquant l'article 952, prétendre qu'ils doivent être grevés de l'hypothèque légale créée en sa faveur. L'article 952 prévoit, en effet, un cas de retour conventionnel, et non de caducité, deux choses complétement distinctes l'une de l'autre. En effet :

1° Le retour conventionnel de l'article 952 suppose que le donataire a été saisi ; la caducité, au contraire, n'atteint que des droits qui ne sont pas encore ouverts, une simple espérance, et empêche la donation de se réaliser.

2° Ce n'est qu'au donateur qui l'a stipulé que profite le retour des articles 951 et 952 ; tandis que ce sont surtout ses héritiers ordinaires qui profitent de la caducité.

3° Le retour a pour effet de faire revenir au donateur des biens dont il s'était dessaisi ; dans le cas de caducité, le donateur ne reprend pas, mais garde des biens dont il n'a pas cessé d'être propriétaire.

4° Lorsque le retour est stipulé pour le cas de survie du

donateur au donataire et à sa descendance, la postérité de la personne gratifiée est un obstacle au retour conventionnel, quel que soit le mariage auquel elle doive le jour. Au contraire, les enfants issus du mariage en vue duquel la donation a été faite sont les seuls qui fassent obstacle à la caducité.

POSITIONS.

DROIT ROMAIN.

I. Les donations par promesse ou par remise de dettes participaient au bénéfice du sénatus-consulte rendu par Septime-Sévère et Antonin Caracalla, et étaient confirmées par le prédécès du donateur.

II. La donation *mortis causâ*, faite par un époux à son conjoint, avait un effet rétroactif.

III. Entre époux, la révocation de la donation d'un bien rural entraînait la répétition des fruits encore existants.

IV. Quand le mari, découvrant seul qu'il est propriétaire d'une chose que sa femme a reçue d'un tiers, s'abstient de la revendiquer pour gratifier son épouse, cette abstention constitue une donation prohibée.

DROIT FRANÇAIS.

DROIT CIVIL.

I. La donation de biens à venir n'est pas assujettie à la formalité de la transcription.

II. La femme séparée de biens judiciairement a besoin de

l'autorisation de son mari pour disposer de ses biens meubles par une donation de biens à venir.

III. La femme mariée sous le régime dotal ne peut donner ses biens dotaux, par institution contractuelle, ni à un étranger ni à un collatéral.

IV. En règle générale, le mari peut, avec le concours de sa femme, aliéner à titre gratuit les biens de la communauté; il a, de plus, le droit de disposer seul, par institution contractuelle, en faveur d'un enfant commun, des biens de la communauté, sans être obligé de réserver la part à laquelle la femme a droit.

V. La nullité de la clause d'association profite aux héritiers *ab intestat* du donateur.

PROCÉDURE.

I. Le juge de paix et le tribunal de commerce sont concurremment compétents pour connaître des contestations qui peuvent s'élever entre les voituriers et les voyageurs relativement à la perte ou avarie des effets qui les accompagnent.

II. La chose jugée au criminel n'a pas d'influence sur l'action civile relative aux faits sur lesquels le jugement du tribunal criminel a statué.

DROIT COMMERCIAL.

I. La dot constituée par un failli après la cessation de ses payements, ou dans les dix jours qui la précèdent, reste valable lorsque les futurs époux étaient de bonne foi.

II. La clause compromissoire insérée dans un contrat de société n'est pas valable.

DROIT ADMINISTRATIF.

I. Les cours d'eau qui ne sont ni navigables ni flottables appartiennent aux riverains.

II. Lorsque l'acte reproché à un ministre du culte constitue à la fois un abus et une infraction à la loi pénale, il n'est pas permis de poursuivre l'ecclésiastique devant les tribunaux, sans l'avoir déféré préalablement au conseil d'Etat.

DROIT PÉNAL.

I. Le condamné à une peine afflictive perpétuelle peut bénéficier d'une institution contractuelle souscrite en sa faveur avant sa condamnation, encore qu'elle ne soit ouverte que depuis.

II. L'agent qui prête son bras au suicide n'est passible d'aucune peine.

TABLE DES MATIÈRES.

Droit romain.

Poitiers. — Typ. de A. Dupré.

ERRATA.

—

P. 34, lig. 27, lisez : *ceux-là qui*, au lieu de *ceux qui*.

P. 39, lig. 4, lisez : *le remboursement*.

P. 71, lig. 11, lisez : *contractuelle*, au lieu de *contractuelle*.

P. 81, lig. 20, lisez : *incommodis*, au lieu de *in commodis*.

P. 83, lig. 14, lisez : *dans ce dernier*, au lieu de *dans le dernier*.

P. 85, lig. 9, lisez : *tel*, au lieu de *tels*,

P. 114, lig. 15, ajoutez le mot *franche* après *part*.

P. 118, lig. 10, lisez : *art. 1021*, au lieu de *1020*.

P. 125, lig. 4, lisez : *héritiers*, au lieu de *héritier*.

P. 125, lig. 21, lisez : *à cette époque*, au lieu de *au moment de la déclaration d'absence*.

www.ingramcontent.com/pod-product-compliance
Lightning Source LLC
Chambersburg PA
CBHW062025200326
41519CB00017B/4931